同時通訳者が
世界のビジネスエリートに学んだ

結果が出るプレゼンの教科書

関谷英里子

祥伝社黄金文庫

はじめに

The only constancy in life is change.
この世の常なるものは変化のみ。

静かに舞台に進み出てプレゼンテーションを始めた世界銀行元副総裁の西水美恵子さんの最初のことばです。２０１３年の秋に開催されたあるカンファレンスでの一コマでした。

会場は水を打ったように静かになり、みんなが神経を集中させて西水さんのキャリアの経験談に聞き入っていたのが印象的でした。

上手なプレゼンテーション、というと大きなジェスチャーを使いながら、体全体を躍動させて、聴衆を巻き込むように話をするようなイメージを持つ人もいるかもしれません。私自身がそうでした。

しかし、実際にさまざまなプレゼンテーションを聞く中で、よいプレゼンテーションの型とは1つではなく、いろいろな話し方があり、話の中身と話す本人の雰囲気によってそれぞれが違ってもいいのだ、とわかるようになりました。

この西水さんの講演会は、大きな身振り手振りとは無縁でしたが、ひとつひとつの言葉を丁寧につむぎだす話し方が、多くの人の心を打ったであろうことは想像に難くありません。彼女が学んだ教訓を、わかりやすい英語のフレーズを時折混ぜ、緩急をつけながら話すその話に聴衆がぐっと惹きこまれていっているさまは、舞台袖からもわかりました。

その日以来、私自身も冒頭のひとことを、心に教訓として刻むようになりました。それくらい私にとっては印象に残った講演でした。

私は、アル・ゴア元アメリカ副大統領や、チベット仏教の最高指導者であるダライラマ14世、フェイスブックCEOのマーク・ザッカーバーグ氏など、著名人の講演の同時通訳をしています。各種カンファレンスやビジネス会議の場での通訳も多数経験しています。人を惹きつける話し方をする人とたくさん出会い、彼らはどこがほかの人とは違うのか、通訳をしながら考えさせられています。

そのような経験から思うこと。

彼らはもとからプレゼンやスピーチが大好きで話し上手だったのかといえば、必ずしもそうではありません。相手が思わず身を乗り出して話を聞いてしまう話し手は、誰もがみなたくさん練習をして、場数を踏んできているのです。

アル・ゴア氏が映画「不都合な真実」で来日したとき、その講演のすばらしさに会場の聴衆は深い感銘を受けました。ただ、彼のプレゼンテーションは世界各地ですでに数百回と繰り返し行なってきたものであり、たくさんの鍛錬の積み重ねがあったことは言うまでもありません。

マーク・ザッカーバーグ氏は、フェイスブックを作ってメディアで取り上げられ始めた当時は、「話し方がぎこちない」など、散々な言われようでした。

しかし、私が実際にお会いした2012年に受けた印象では、相手の目をしっかりと見つめ、言いたいことを端的に伝えていく術をもちながらもユーモアを忘れない優れたスピーカー、というものでした。

その背景には、たくさんのスピーチトレーニングがあったと聞いています。

私たちも、彼らの話し方のエッセンスを学び、それを練習していくことで、プレゼンテーションやスピーチを上達させることができるのではないでしょうか。何かを伝えたい、という気持ちと、それを伝える技術があれば、私たち日本人でも自分の意見と魅力を効果的に伝えることができると信じています。

どんな一流スポーツ選手でも基礎練習を怠らないどころか、多くの時間を費やすことは知られています。伝えることの名人も、基礎をしっかりと踏まえ、常に練習しています。彼らがどのようなポイントに注意しているかを学ぶことによって、私たちも今よりも格段に上達することができるのです。

私たちがプレゼンテーション能力を身につけることができたら、どうなるのか。

自分自身の熱意をしっかりとアピールできるようになれば、転職の面接で有利になるかもしれません。

会社の製品やサービスを効果的に相手に伝えることができれば、お客様に買ってもらえ、営業成績が上がるかもしれません。

また、新規プロジェクトを、いかに会社にとって意義のあるものかを明確に伝え、上司に承認してもらえれば、新しい事業やチャレンジを次々に任せてもらえるようになるかもしれません。

プレゼンテーション能力を身につけることは、現代のビジネスシーンを渡り歩くのに必須のスキルなのです。

私なりに、多くの話し手に触れて感じたことをこの本にまとめました。

会社でのプレゼンテーションや会議、あるいは上司とのやりとりなどにも活用して、自分の魅力を伝えるきっかけとなればという思いで書きました。

さっそくページを開いて、ここに書いてあることから始めてみてください。

関谷英里子《せきやえりこ》

[contents]

はじめに 3

1章 パフォーマンス力を磨く！

人は見た目で判断される!? 18
自分に合ったキャラクターで話す 22
・キャラと話に一貫性があるか？
・お手本を見つける
・YouTube 2つの使い道
・細部に注目する
言葉以外で伝える 29
・非言語で語りかける工夫をする
正しい姿勢がすべての基本 32

ボディーランゲージを使う 39
・アンソニー・ロビンズ氏のアクション
仕事用の顔を作る 47
相手が話を聴きたくなる目力 51
・アル・ゴア氏の目力
声は大きければOK？ 55
・声の高低
・声の強弱
・声の緩急
沈黙で語る 60
・間の取り方
聴くことで惹きつける 64
・あいづちを効果的に使う
・質問を投げかける
・的確なコメントと自分の意見

2章 コンテンツ力を磨く！

自分にとって「おいしい話」はみんな前のめりで聴く 74
聴き手が求めている話の作り方 77
・聴き手が求めていることを把握しておく
・聴き手が求めているものは、本人に聴くこともできる
・ビッグピクチャーを頭に思い描いて
根拠を述べる 84
・成果で示す根拠
・数字で示す根拠
・他者の声で示す根拠
「おもしろい話」とは 91
・相手のために話す
・ジョークは必要？

表現を工夫する 97
・視覚、聴覚、触覚、味覚、嗅覚《きゅうかく》に訴えかける話し方を
・抽象的な言葉に注意
共通のネタを話の始めに入れる 104
あえて問題点を示す 107
熱い気持ちに勝るフォースなし 109

3章

構成力を磨く！

プレゼンテーションの三部構成 116
・序論のつくり方
・つかみは短く・効果的に
・目的を明確にする
・概要を説明する

自分の伝えたいことを言う　本論（ボディー）―― 129
次の行動へ相手を動かす　結論（コンクルージョン）―― 133
・ポイントをおさらいする
・行動の喚起
・ポジティブに終わる
・締めの言葉を決めておく

4章 本番力を磨く！

この人に任せたら安心だ！　と言われる人になる ―― 140
社内でのプレゼンで人を巻き込む ―― 143
・周りを巻き込む
・成果を出しておく
・現実的な数字で、自社のメリットを話す

・日頃のコミュニケーションに気を配る
社外でのプレゼンで結果を出す 148
・顧客のメリットを伝える
・顧客の情報収集を怠らない
・同業他社の事例を効果的に使う
・誰を見たらいいか（アイコンタクト）
スピーチ・講演を成功させる 154
・会場のレイアウトを事前に把握する
・聴き手の特性を事前に把握する
・どこを見ればいいか（アイコンタクト）
あがらない方法 160
・とことん予習する
資料ではなく、人を見ろ！ 162
・話の流れを叩き込む
あなたの話を印象づけるポイント 164
・ビジュアル、見本、デモンストレーション

・繰り返し強調する
質問に対する対処法 167
・話の目的からそれないようにすること
・表情や姿勢を常に保つこと
・ネガティブな質問は、言い換えること
・その場で無理に答えない
空気を読まない 175
・自分のペースでOK!
スゴイ人は、練習を怠らない 177
・生まれついてのプレゼンターなんていない
・リハーサルに力を入れる
プレゼン練習その1　場数とリハーサル 181
・リハーサルの利点
・成功するリハーサルの方法
プレゼン練習その2　プレゼンテーション当日 186

・1時間前に到着しておく
・20分前からは聴き手を迎える準備
・演習を取り入れる
プレゼン練習その3　ロールモデルを見つける　192
プレゼン練習その4　自分で自分を客観視する　195
プレゼン練習その5　人から意見をもらう　197
巻末付録①　人を惹きつけるスピーチ　199
巻末付録②　ネイティブにホメられるプレゼン英語フレーズリスト　203
おわりに　210

デザイン　鈴木大輔・江崎輝海（ソウルデザイン）

1章

パフォーマンス力を磨く！

人は見た目で判断される!?

スピーチの達人たちは、
出会って数秒で、相手についての第一印象が決まってしまうことを知っています。
では、どのようにしたら第一印象はアップできるのか?
第一印象を作るキーは外見の清潔感です。

ラフな服装で知られている、話し方の達人たちも、実はすべては計算しつくされているのです。
たとえば、スピーチの名手として知られるスティーブ・ジョブズはいつも黒のタートルネックセーターにジーンズ。その黒のタートルネックは、実は同じメーカーに発注しており、30着ほど持っていたという伝説があるほどです。

公の場所でもTシャツにパーカ姿で登場することで知られるフェイスブックのマーク・ザッカーバーグ氏のTシャツもパーカも常に洗い立てで、清潔感があります。

ビジネスの席であれば、スーツにシャツというスタイルが多いかと思います。

私が普段仕事でご一緒するエグゼクティブのみなさんは、海外・国内問わず、袖口、襟元や靴など、細部にこだわって清潔にしています。

姿勢は正しく、手入れの行き届いた髪、体型に合った服装。

ツメは伸ばしっぱなし、という人は皆無です。

香りに関しては実際は「香る」必要はあまりなく、むしろ「におわない」……というところに気を配っておられるようです。髪、歯（口まわり）など、細かい部分に気を遣うだけで、逆に印象がよくなります。

服装や身だしなみなどの清潔感だけではなく、動作やしぐさ、立ち居振る舞いといった品位、表情や視線といった雰囲気など、言葉以外のことで相手に与える印象は大きく変わります。

海外のあるスピーチコンサルタントと仕事をしたときのこと。
彼は少人数用の会議室であっても、１００人の聴衆であっても、１０００人が収容できるようなホールであっても、一番に気をつけることは姿勢と視線だと言っていました。

姿勢は、天井から釣られているイメージで。

そして視線に関しては、まずは大きな屋根でみんなを覆《おお》うイメージを持って、部屋や聴衆全体を見渡すところから始めるそうです。
そうすることで、自分は全体を把握《はあく》している、と思えると同時に、見る側からしても話し手が大きく見え、頼りがいがあるイメージが構築できるそうです。

＼まとめ／

①第一印象を作るキーは、外見の清潔感

②動作の品位、表情など言葉以外の要素で印象は変わる

③どんなときも「姿勢」と「視線」に気をつける

自分に合ったキャラクターで話す

第一印象が大切とお話ししましたが、ムリに取り繕《つくろ》うことで自分らしさを失ってはいけません。

話をする際は、**自分のキャラクターで攻めるのが正解**だと私は思っています。

ポイント1 キャラと話に一貫性があるか？

取り繕った第一印象は、あとで苦しくなります。

人前では元気ハツラツに話すのが良いとされがちですが、必ずしもそうとは限らないと私は思います。実際のキャラクターと〝元気ハツラツ〟というイメージが重ならないとわざとらしくなりますし、長く続かないでしょう。

長く続かないと、一貫性がなくなるので、話している相手に対して違和感を与えてしまいます。

要は、**自分の本来のキャラクターを把握したうえで、その場の状況と考え合わせて、求められている像を演出すること**が、自分に合った話し方を見つける第一歩になります。

マインドマップで有名なトニー・ブザンさんの講演で気づいたことがあります。

彼はとても落ち着いたダンディーな話し方をされ、講演中も特に感情を上げてノリノリで話すということはありません。英国紳士で脳の研究家としてのキャラクターと講演会という状況がぴったりマッチする話し方をしていて、聴衆が彼の話に惹きこまれるのがわかりました。

ポイント2 お手本を見つける

自分に合った話し方を考える際に、お手本となる人が何人かいると、話し方がイメージしやすくなります。

お手本は、著名人など憧れの人と、身近にいる話し方が上手な同僚や上司など、2パターンあるといいと思います。

憧れの人の場合は、姿勢、体の使い方、話の抑揚のつけ方など、話し方の全体像を考える際に参考になります。私の場合は、イギリスのブレア元首相の話し方をお手本にした時期がありました。YouTubeなどで彼のスピーチを見て研究したものです。

ポイント3 YouTube 2つの使い道

YouTubeなどの動画の使い方としては2つあります。

ひとつは英語音声を聴きながら、スピーカーの英語を、勉強としても活用する方法。使っている英単語やフレーズを学んだり、抑揚のつけ方を学んだりできます。

もうひとつは、音声を消して、話し方を学ぶ方法。

音声を消すとその人の体の使い方や表情を注視することができます。

ブレア氏の場合、私が特に参考になったと思うのは退任の挨拶《あいさつ》と2008年のイェール大学卒業式での挨拶です。これらは在任最後であったり、退任後であったりしたので、現職時代議会で見せたような鋭い調子ではありませんが、人を惹きつけるスピーチの源を見る思いがしました。

明るいことやちょっとしたジョークを話すときと、真剣な話をするときは表情を使い分けるのはもちろん、話すスピードを調整していることに気づきました。リラックスしたことを言うときはゆっくりと、相手が笑ったり反応したりするのを待ちながら話を進め、真剣な話をするときは、少したたみかけるように、相手に迫りくるような勢いで話していきます。

実は、これはブレア氏に限ったことではなく、人を惹きつける話し方をする世界のエグゼクティブにも共通している姿勢なのです。みなさんも、「この人のような話し方ができたら」と思うような人の動画を参考にしてみてください。

そのときは、一回は音声も聴きながら、もう一回は音声を消してその人の体の使い方や表情などを盗むつもりで見てみてください。

ポイント4 細部に注目する

そしてもうひとつのお手本は、身近な人。身近な人で周りを巻き込むのが上手な人に注目してみてください。そういった人はどこがポイントになっているのか、細かい部分部分に特に注目してみましょう。

例えば、話の始め方、あいづちの打ち方、言葉の使い方など、細かなところに、その人らしさがありながら、人が思わず話に耳を傾けてしまうようなヒントが隠されていることが多いです。

私の友人の経営者には、話の中で文をとにかく断定形にして、話をどんどん進めていくのが上手な人がいます。さまざまな国で教育を受け、仕事をしてきたその人は、英語でも日本語でも簡潔な短い文で話し、ことあるごとに周りが理解しているかを確認します。文字に起こすと、

「この件については◎◎です。いいですね」
「その問題は△さん、お願いします。ほかに意見はありますか」

といった具合です。周りは自然に彼のペースに巻き込まれていくのです。

かと思えば、肝心なところを押さえることで存在感を出しているエグゼクティブもいます。ふだんは静かに様子を見ていることが多いのですが、会議の中で何度かは鋭い意見を言います。その議題について知見がなければこのようにふるまうのは難しいのですが、持っている知識やアイデアを充分に組織に生かす点においては、狙ったタイミングで、自分の見解を述べるスキルは本当に見習いたいと思いました。

今では、彼の参加する会議で重要な意思決定が話し合われる際は、周りが彼の意見を待つような、そんな雰囲気さえするのです。

話し方のお手本は、見渡せばそこここにあるのだと思います。

身の回りで、周りを惹きつける話し方をする人がいれば、しっかりと観察してみてください。身の回りにはいないかも、と思う人は日本語でも外国語でも、有名なスピーチを見ながら、その人の何が人を惹きつけているのか、分析してみてください。

＼まとめ／

① 自分のキャラクターと話し方に一貫性を持たせる

② お手本になる人を見つけて、話し方を学ぶ

③ 憧れの人の動画や、身近な話し上手の人を分析してみる

言葉以外で伝える

ポイント 非言語で語りかける工夫をする

人が話をするとき、聴き手が影響されるのは、
言語情報、つまり言葉の意味から7％、
声のトーンや口調、言葉の速さなどの聴覚情報、つまり声が38％、
そして、姿勢、服装、表情などの見た目の視覚情報、つまり外見が55％
であると言われています。

これには、実際の効果について諸説がありますが、声や外見など、言葉以外の表現

からも多くの情報を得られることを表しています。

この、言葉が発せられたときの基礎となる感情や思考が、姿勢や体、顔の使い方から滲《にじ》み出て、言葉の意味以上の効果をもたらします。

そのため、話の内容に凝るのはもちろんですが、それと同様に言葉遣いなどの聴覚へのアプローチや、表情などの視覚情報を工夫することで、メッセージをより効果的に伝えられるのです。

スピーチやプレゼンテーションの達人たちは、この非言語情報の効果を理解し、さまざまな工夫やトレーニングを積み重ねています。

では、彼らは言葉以外でどのように語りかけているかをお話ししていきたいと思います。

まとめ

①話の聴き手は、言葉以外の表現からも多くの情報を得ている

②言葉遣いなど、聴覚へのアプローチでメッセージを効果的に伝える

③表情などの視覚情報を工夫することも効果的

正しい姿勢がすべての基本

第一印象のところでもお話ししましたが、姿勢は大切です。姿勢をきりっとすることで、「伝えたいメッセージがある」ということを体で表現しましょう。

アメリカのある有名なマーケティングコンサルタントが日本人の聴衆に対して行なうセミナーの同時通訳の仕事をしたときの話です。

講演の壇上にはソファとローテーブルがありましたから、そのコンサルタントはソファに座って話をし始めました。

このあたりまではよくある話。

ところが、しばらくしてそのコンサルタントも気持ちが乗ってきて、話が本調子になったころ、無意識にか、足をローテーブルに投げ出して、靴の底が会場のみなさんに見えるような形でふんぞり返って話すようになってしまったのです。

これは、うそのような本当の話。

コンサルタントとして数十年のキャリアがあり、フォーチュン500社から地域の中小企業にいたるまで経営のコンサルティングをしてきた人物であれば、どんなにきちんとしているのだろう、とわれわれ日本人は思ってしまいがちです。が、このスピーカーは悪びれたふうもなく、足をテーブルにかけたまま話は進んでいきました。

話の内容は実に刺激の多い、最新のマーケティング事例がふんだんに盛り込まれたものであったと私は感じましたが、そのセッションのアンケートでは不評であったようです。アンケート結果から、その原因は実はそのスピーカーの姿勢にあった、という話を後日聞きました。

話す内容が実践的で役に立つことであっても、視覚的に見えている姿からその人に〝学びたい〟と聴衆に思わせられなかったことで、その人は話を聴いてもらえなくなってしまったのです。

ここまで極端なことはみなさんはないかもしれませんが、姿勢もきちんとすることで、相手に話を聴いてもらえるのであれば、正しい姿勢、見ていて気持ちのよい姿勢は身につけておいた方がいいでしょう。

ただ、正しい姿勢というのは、けっこう難しいんですよね。自分で姿勢良くしていると思っていても、他者から見ると歪《ゆが》んだ立ち方をしている、ということに気づかない人も多いのです。また、自分では思ってもいないのですが、「やる気がない」「態度が悪い」と姿勢によって相手に思われてしまうこともありますから……。

〝見られている〟という意識を持った立ち姿でありたいですね。

話をしているうちに、こんな姿勢になってはいませんか。

手を前に組みながらも、指をひんぱんに組み替えると、自信がなさそうな印象につります。さらにそこで視線を下げてしまうと隠し事でもしているようなおどおどした印象になります。

話をしているときにしがちな「ダメな姿勢」

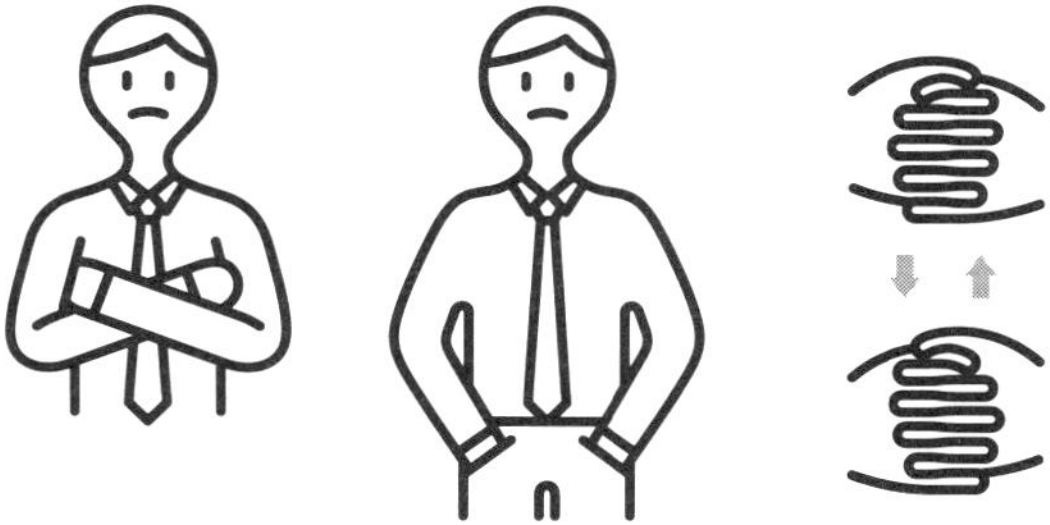

腕を組む

ポケットに
手を入れる

指をひんぱんに
組みかえる

ポケットに手を入れたり、腕を組んだりすると挑発的で偉そうな印象、あるいはやる気がない、自信過剰、相手を拒絶し、心を閉ざしている印象……といずれにしてもネガティブな印象を与えてしまうと言われています。

座っているのであれば両手は自然な形でテーブルや机、ひざの上に置く。立っているのであれば自然な形で体の前に置く。いずれの場合もひんぱんに足や手を動かさず、落ち着いた印象を与えられるようにしましょう。


特に姿勢を見られているのは就職活動や転職活動の面接、営業の商談時と聞いたことがあります。面接のときに人事部、ヘッドハンター、あるいは取引先が一番見ているのは姿勢です。こちらが話しているときは必死になっていることが多いですし、伝えたいことを話しているのであまり気にならないようですが、一番姿勢の違いが現れるのが、相手の話を聴くときの姿勢だそうです。

自分の話をしているときは真剣そのものなのに、相手が話し始めたら上の空。あるいは手や指をひんぱんに動かすなど落ち着きがない。寝不足からか、だんだん

人の話を聴くときの正しい姿勢

— 立っているとき —
手を自然な形で
体の前に置く

— 座っているとき —
手を自然な形で
テーブルや膝の上に置く

まばたきが長くなる（↑眠そうにしている……）。肩が下がり、あごが上がってしまって、だらしない座り方になっている。あるいはヘッドハンターのくだけたカジュアルな話し方に同調するようにこちらも肘掛《ひじか》けにひじをついて、なれなれしい態度になる。

どれも、このように書くと「自分はそんなことはしているはずがない」と思ってしまいがちですが、これらは実は多くの人が無意識にやってしまっている姿勢です。

姿勢に関しては、特に相手の話を聴くときほど見られている、と思って気を引き締めましょう。

まとめ

① 姿勢を正し、「伝えたいメッセージがある」と聴衆に示す

② 常に〝見られている〟意識を持った姿勢でいる

③ 相手の話を聴くときの姿勢こそ人から見られている

ボディーランゲージを使う

3分以上の話をする場合、ただ話すだけ（声だけ）では聴き手の注意が散漫になってしまうことがあります。

そんなときは、ボディーランゲージで視覚的な変化をつけ、聴き手の注意を刺激しましょう。楽しさやワクワク感を伝えたいときは少し大げさに、真剣さやまじめさを伝えたいときは抑え気味に、身振り手振りを工夫しましょう。

私がある方の通訳をしている様子が、映像としてYouTubeにアップされていたことがあります。友人からそれを聞いて自分の話している姿を映像で見ましたが、ワンパターンな身振り手振りのクセがわかって、恥ずかしい思いをしました。

身振りは、すればいいというものではなく、同じ動きの繰り返しだと、聴き手には単調に思えてしまいます。バリエーションを増やし、話に合った身振り手振りが自然と出るようにしたいですね。

自然なボディーランゲージができるようになるためには、地道に訓練をするのが一番の近道です。日常生活のさまざまな場面で、意識して使ってみてください。

よく使われるボディーランゲージに、次の3つがあります。

①物事の大きさを表現するとき

売上の推移など、大小や高低の対比を表現するとき、体で表現してみましょう。

②数字を表現するとき

「ポイントは2つです」など、数字を表現するときは、指で数字を示すようにしましょう。

プレゼンでよく使われるボディランゲージ

大小の対比や
数字を手で示す

ヤマ場では大きく

資料を使うときは
胸の前

動きをいれたら
2〜3秒はキープ

③ヤマ場を表現するとき

ヤマ場では、思い切って抑揚をつけて、ボディーランゲージも少し大げさにしてみましょう。

その他、私が通訳の仕事をする中で見た、プレゼンテーションで意識的に使われているボディーランゲージには次のようなものがあります。

①資料を使うときは胸の前

相手に見えやすいように、自分の顔の下、肩のあたりに資料を持つといいでしょう。

話を聴いている人は必然的に話し手であるあなたの顔を見ています。その顔をさえぎらないでよい、顔の近くにもっていくと話が聴きやすいなど、印象がアップします。

②相手に質問をしたり、動きを入れたりしたら、間を置く

相手に質問をすると、話自体に動きが出ます。聴いている側は、質問が投げかけられることでそれに答えなければならないと思って、聴いているモードから、考えるあるいは話すモードに切り替わります。

また、話している側がちょっとした動きをした場合も、それまでの静的な流れが変わります。

これらの場合には、話の流れが変わったことを、話し手も聴き手も体で理解できるように、少し時間を置きましょう。ほんの1~2秒間、間を置くことで絶大な効果を表します。

ポイント

アンソニー・ロビンズ氏のアクション

上級者になると、プレゼンテーションの壇上で、過去の話をするときはステージに向かって左側に立ち、将来の話をするときはステージの右側に立つ、という工夫をし

ている人もいます。同じく、楽しい話をするときは左側、残念な話をするときは右側、というように応用もできます。

私が同時通訳の仕事をしたことがある著名なスピーカーの中に、30年で300万人以上を指導してきている成功コーチのアンソニー・ロビンズ氏がいます。

故ダイアナ妃《ひ》やクリントン元アメリカ大統領などをクライアントに持つ彼は、日本では『一瞬で自分を変える法』(三笠書房)などの書籍でも知られています。

ロビンズ氏の講演会は通常でも数千人が集まる大イベントです。その大人数は、ロビンズ氏の一挙手一投足、ひとことひとことに夢中になって話を聴いています。会場を盛り上げるときは手拍子や拍手をするときも大きなアクションを取り、こちらもつられて大きく体を動かしてしまうくらいです。また、会場からの質問などがあって人の話を聴くときも、話し手に体全体を傾けて集中して親身に聴いているさまがわかります。

時にはロビンズ氏は同じ身振り手振りを聴衆にするように呼びかけたり、簡単なフレーズを一緒に言ったりするように促します。といっても簡単なことです。話を聴いて賛成だと思えば手を挙げて、とか、そこまでの話がわかったのであれば意思表示としてハイと言って、とか基本的な誰でも躊躇《ちゅうちょ》なくできることです。このような同じような簡単な動きをしたり、ことばを発したりしているうちに会場は一体感を増し、彼の話に夢中になっていくのです。

少人数で話しているときに彼のマネをすると、私たち日本人から見れば大げさになってしまうかもしれません。ただ、数千人に一度にメッセージを届けるにはこれくらいのアクションを取って、会場を巻き込む手法があるのだと知って、非常に刺激になりました。

ボディーランゲージは効果的に使えば、メッセージをより伝えやすくなります。

相手を見ながら、自分のメッセージを伝えるのに最適な体の使い方を身につけていきましょう。

＼まとめ／

①ボディーランゲージで視覚的な変化をつけ、聴き手の注意を引く

②自然とボディーランゲージができるようになるには、地道な訓練が一番

③わざとらしかったり、やり過ぎると、話の信憑性《しんぴょうせい》がなくなるので注意

仕事用の顔を作る

顔の表情は、時に言葉よりも雄弁です。

顔の表情で言いたいことを表現すれば、何も言葉ですべてを伝えなくても通じ合えることさえあります。

表情は、自然と〝なる〟ものであり、また、意識して〝する〟ものだと思っています。

楽しいときには楽しい顔、悲しいとき、辛いときにはそれ相応の顔というように、言葉と合った顔を作れるように、そして表現できるようにしましょう。

精神科病棟での治療方法の話で、鬱《うつ》な気分の患者に笑顔の練習をしてもらう。笑顔が作れない人は箸《はし》のようなものを口に横にくわえてもらい、口角を上げる。そして、その表情で胸を広げて上を見上げる。次に、その状態でスキップをしてもらう。そうすると鬱な気分を感じにくくなり、だんだんと楽しい気分に変わってきて、薬に頼ることなく退院する患者が続出したという話を聞いたことがあります。

この話のように、顔で表現したい感情を意識して表すことができたら、顔からその感情を自分で感じることができ、伝えたいメッセージがとても効果的に伝えられるようになります。

仕事の場合、初対面のときなどは、基本的には笑顔で話すことを心がけるといいと思います。

何か提案するときも、交渉するときも、会議で発言するときも、とにかく笑顔！ 無表情や自信のなさそうな表情よりはずっと効果を発揮するので、鏡に向かって笑顔の練習をするようにしましょう。

また、表情のパターンとして、真剣な表情も作れるといいと思います。笑顔とのギャップが出て、人の話を聴くときも、何かまじめなメッセージを伝えたいときも使うことができます。

ここ一番というときは、体は聴き手の真正面に置き、少し前傾気味。軽くあごを引き、目に少し力を込めるようなイメージです。

アメリカやイギリスでは、幼少の頃から人前で意見する環境が整っています。そのため、小さい頃から授業中にプレゼンテーションをしたり、自分の意見を伝えたりする練習をしてきています。また、異人種異文化と接する機会が多いだけに、はっきりと自分の意見を言葉のみならず表情や態度も含めて表現する習慣がついています。

欧米人はプレゼンテーションが上手だというイメージは、こんなところからもきているかもしれません。

私たちが練習をするときは、テレビ・アナウンサーの表情を参考にするといいでしょう。

悲しいニュースのときの顔や、バラエティ番組での楽しい表情など、参考になる顔があります。自分で意識して作れる表情をもっておくと、自分が伝えたいメッセージが伝えやすくなるでしょう。

練習のときは、自分が思っているよりも多少大げさに顔を動かすくらいがちょうどいいでしょう。まずは笑顔、そこから表情のバリエーションを増やし、自分の伝えたいメッセージ、そして自分自身の印象を良くしていきましょう。言いたいことが、深く伝わるようになりますよ。

＼まとめ／

①表情は自然と〝なる〟ものであり、また、意識して〝する〟もの
②テレビ・アナウンサーの表情を参考にして練習する
③まずは笑顔、そこから表情のバリエーションを増やしていく

相手が話を聴きたくなる目力

表情のもう一つの要素は「アイコンタクト」です。

日本人は一般的にアイコンタクトが苦手とされていますが、人と話をする際にはなるべく相手と目を合わせて話すよう心がけましょう。目を合わせて話さないのは後ろめたいことがあるからかもしれない、という印象をもたれてしまいます。特に海外の人相手の場合はなおさら気をつけましょう。

かといって、一対一ではどうしても気恥ずかしいとか目が泳いでしまいそうだとかいった場合には、相手の片目を見るようにしましょう。左目でも右目でもかまいません。どちらか片方の目の、黒目を見つめるつもりでのぞみましょう。

これを心がけるだけでも目線が定まり、聴き手に自分のメッセージを伝えやすくなります。

ポイント アル・ゴア氏の目力

私が仕事をご一緒させていただいた方の中でも、目力が印象的だったのはなんといってもアル・ゴアアメリカ元副大統領です。

彼はクリントン政権時代の副大統領で、副大統領退任後は一般企業のコンサルティングやアドバイスを行ないながらも、自身の環境問題への危機感から多くの研究機関との協業をされています。

そんな研究をひとつの形にしたものが2000年代後半に世界中で公開された『不都合な真実』という映画です。日本での公開時に来日された際に通訳をさせていただきました。

講演のときも堂々と、世界中で行なってきたプレゼンテーションをされ、会場での存在感は圧倒的でしたが、私がもっとも感心したのはレセプションパーティーなどの際に一人ひとりのゲストと握手をし、対話をするときの彼の目線です。

アメリカで長く政治をされ、有権者一人ひとりとの対話は慣れているのかもしれないのですが、まったくの異国の地日本の、一般の方との対話であっても、誠実な姿勢で話を聴きながら、うなずき、声をかけるさまは感動にも値するものでした。

背が高く大柄なゴア氏は、相手を威圧しすぎないように目線を合わせながら、まっすぐに相手の目を見ます。このような姿勢で対話をしたら、誰もが吸い込まれてしまいそうなのでは、と傍《かたわ》らにいて感じたのを覚えています。

多くの人を惹きつける秘訣《ひけつ》のひとつは、強く温かいアイコンタクトを取ることなのかもしれない、と感じます。

さて、アイコンタクトについてよく聞かれることに、「複数人に話すときは、誰の目を見ればいいの?」ということがあります。

このことについては、「4章　プレゼン力を磨く!」で、シチュエーションごとのパターンをお話ししていきます。

＼まとめ／

①人に話をする際、必ず目を合わせる

②アイコンタクトは熱意、信憑性、共感、信頼を相手に与えることができる

③多くの人を惹きつけるには、強く温かいアイコンタクトを

声は大きければＯＫ？

プレゼンテーション、講演、会議でははっきりとした口調で話すと、相手に伝わりやすいでしょう。しかしそれは、必ずしも「大きな声で話せ」というわけではありません。

声の使い方には主に「高低」「強弱」「緩急」があります。

これらを効果的に話の中で使うことによって、人を惹きこむ話し方になるのだ、とは以前に仕事で通訳をさせていただいた、テレビでアナウンサーをしたあと、政治の世界に転身された方の話。私もその話を伺《うかが》ったあとから、自分のラジオ番組ではそれらを使えるよう日々練習しています。

ポイント1

声の高低

「声の高低」は高い声で話すか、低い声で話すか、ということ。高い声で話せば元気な印象、低い声で話せば落ち着いた印象になります。一般的にビジネスの場面などでは必要以上に高くしないことがポイントです。

特に女性でも声が高めだという人は、低い声を心がけると信頼できそうだ、というイメージをつくることができます。

また英語では、高い声は「かわいらしい」と映ってしまい、ビジネスではマイナスに受け取られることもあると指摘されたことがあります。

私は日本語でも英語でも、オフィシャルな仕事の現場では少し低めを心がけています。

ポイント2 声の強弱

「声の強弱」とは強さ、弱さ、といったトーンの変化です。話の中でも特に強調したいことがあれば少し強調するよう、その部分にアクセントをもたせます。逆にさらっと話す部分はアクセントをつけずに、流れるように話していきましょう。

ポイント3 声の緩急

「声の緩急」とはゆっくり話したり、速く話したりすること、スピードの変化です。

ジェットコースターなどを想像してもらったらわかるかもしれませんが、乗り物に乗っている間、すべてが急スピードで走っているわけではありません。ゆっくりと上昇していき、一瞬止まって、そこから一気にわーっと下りたり、回ったり……そしてまたゆっくりになって、止まってアトラクション終了。これを話の中で、声で演出するのです。

まとまった話であれば、最初はゆっくりと相手の反応を見ながら話し始め、盛り上げていくところでは少し話すピッチを速める。

このような変化に気を配るだけでも、話にリズムが生まれ、相手の興味を惹きつけておくことができるのです。

声のトーンをどうこうする以前に、うわずってしまうことがある……という人。私もその気持ち、わかります。のどに力が入りすぎているのかもしれません。

相手に届く声を出すためには、まずは自分自身がリラックスすることが大切です。特に上半身の力を抜くように意識すれば、のどもリラックスし、声が安定します。安定した声で、声の「高低」「強弱」「緩急」のバラエティを使いながら、相手を惹きこんでいきましょう。

＼まとめ／

①自分の個性に合ったボリュームとスピード、トーンで話す

②リラックスして話す

③声がうわずってしまう人は、上半身の力を抜くとのどの力が抜ける

沈黙で語る

一瞬の沈黙で語りかけることには、言葉では言い表せない効果があります。

例えば、「今、この瞬間にも、地球の温暖化が進み北極のクマたちは陸に上がることができずに溺《おぼ》れ死んでいっています。そのことについて少し考えてみてください」と言った後の間で、聴き手はその状況を想像するはずです。

ポイント **間の取り方**

「もしこの状況がみなさんに訪れたら、どう思いますか」

「みなさんだったら、こんなときどうしますか」

もっともシンプルに間をつくる方法は、相手に質問することです。

この「間」は相手にイメージする時間を与えていることになります。

これはただ、相手に回答してほしいから質問しているのではなく、改めてそれまで話したことについて深く考えてほしいときに効果的です。

「沈黙は金、雄弁は銀」という言葉がありますが、これは、ただ黙っていることが素晴らしいということではなく、沈黙の話に説得力を持たせる効果について「金」という評価を与えているのかもしれません。

また、講演やプレゼンテーションなどでは出席者が理解できているかを確認するために、

「今までのところはおわかりになりましたか」
「今までのところでご質問ある方はお願いします」

といったように投げかけることもできます。

間のあとの発言は、聴き手の注意が一番惹きつけられている状態です。ここで、一番言いたいメッセージを発するのが効果的です。

また会議の際は、沈黙のあとの発言が一番注目を浴びる可能性が高まります。これは相当なプレッシャーにはなりますが、話の内容が的《まと》を射ていれば、効果は絶大です。

周囲の沈黙をうまく活用するテクニックとして覚えておいてください。

間を取ることと勘違いしがちなのが、「え〜」「う〜」「あ〜」と意味のない母音を頻繁に発すること。

これは、間を取るというよりは、〝考えがまとまっていない〟という印象を与えます。

この話し方のクセは、直すよう努めてください。

＼まとめ／

①間を作り、聴き手に考えたり、イメージする時間を与える

②間のあとの発言は、聴き手の注意を惹きつけるので、話の中身が重要

③間を取ることと、「え〜」「う〜」「あ〜」と発することは違う

聴くことで惹きつける

話すのが上手な人は、カリスマのオーラがあり、周りを巻き込む力を持っています。

それはとても魅力的なことです。

たくさんの練習と場数を踏んで、そのポジションに至っているのですから。

その人が入ってくると場の雰囲気が変わる。

私は、著名人の通訳をすることが多いせいか、そういう人には仕事柄よく触れます。

そしてその度に、「あ〜、スゴいなぁ。私もこんな人になりたいなぁ」と思います。

でも、全員が全員しゃべりの名人というわけではありません。

普段はもの静かだけど、その人が話すと場の空気が変わり、自然にみんな耳を傾けてしまう、そういう人にも多く出会ってきました。

その人に話が振られると、周りが静かになり、思わずみんなが聴き入ってしまうような人、みなさんの身近にもいませんか？


話すのが上手な人を「空手」とたとえるならば、普段は静かでもみんなが聴き入ってしまうような人の話し方は「合気道」だと思います。

合気道の話し方をする人は、空気を読むのが上手です。

空気を読み、相手の話に耳を傾け、相手に気持ちよく話させ、そして最後には自分のメッセージを伝えてしまう。

相手が勝手に代弁してくれてしまうこともありますし、最後に話をまとめる段になると自然にメッセージが通ってしまうこともあります。

「話を聴くことにもスキルが必要です。

自分の話を聴いてもらうことばかり考えるのではなく、人の話に耳を傾けることで、自分の意見を伝えることができるのです。

何かを伝えるということは、しゃべりの名人になることと思われがちです。けれども、本当は**「聴く」からこそ「伝えられる」**のです。

イメージとしては1話したら、2聴く。

話の総量のうち2／3は相手の話を聴いている、というくらいを目安にしてみましょう。そのくらいのバランスだと相手はあなたと話していて楽しい、と思ってくれます。

傾聴力には、**3つの「理解」**が必要です。

ひとつは、**自分を理解すること**。

自分の伝えたいメッセージ、それを伝える自分のキャラクターを理解しておきましょう。

2つめは、**相手を理解すること**。

自分のことをわかってくれている、と聴き手が思えるようにすると、どんどん相手は話を聴いてくれます。

そして3つめは、**状況を理解すること**。

その瞬間どのような対応が求められているのか？　活発さを出すのか？　それとも控えめなクールな対応が求められているのか？　などです。

これらを踏まえることで、はじめて意思の通ったコミュニケーションが取れるのだと思います。

では、傾聴力を用いて、自分の意見を相手に伝えるためにはどのようにすればいいのでしょうか？

ポイント1 あいづちを効果的に使う

まず相手の話を真剣に聴くこと。
耳だけではなく、体ごと向けて、あいづちを打つ。
あいづちを打つことによって、相手は自分が理解されているという感情を持ちます。
そして、あなたの話にも素直に耳を傾けてくれる空気ができます。

あいづちは、
「うん、うん」
「なるほど、なるほど」
といった、相手の話を活発にさせるテンポの良いものから、

「その通りですよね」

「私も同じことを思っていました」

など、相手の話に同調するものなど、さまざまです。

あいづちを打つことは、相手の話を促していることにもなるので、相手はどんどん話をしてきます。

ですので、時にはこちらから質問を投げかけて、聴きたい話の流れを作りましょう。

ポイント2 質問を投げかける

「それはどういう意味ですか？」

「たとえば、どういうことですか？」

「もう1つ例を話していただけますか？」

「もっとそれについて知りたいのですが、どうしたらいいでしょうか？」

などです。

質問は、相手にプレッシャーを与えないようにソフトな語り口で行ないましょう。そうすることで、お互いに感情的にならず、あなたの質問に対して相手もきちんと答えてくれるでしょう。

そして、相手から必要な情報を引き出すことで、相手により伝わりやすいメッセージを作ることができるでしょう。

ポイント3 的確なコメントと自分の意見

的確なコメントを言うためには、相手が話していたことに注目します。

相手が話していたことを適宜表現を変えて言い直してみてください。

「そうそう」

と相手からポジティブな返事が返ってくるでしょう。

相手の話を聴いているときも、自分の目的は忘れないこと。

それが「この人と仲良くなりたい」ということでも、「もっと仕事を任せてほしい」ということでも、相手があなたにポジティブな印象を持っていることを感じたら、タイミングを見て自分の意見を伝えましょう。

自分で、「仲良くしてください」「もっと仕事を任せてください」と言わなくても、何度か積極的に聴く姿勢を重ねていくと、

「あなたといるととても落ち着く」

「そろそろ君にも責任あるポジションを任せようと思う」

と、相手に言ってもらうこともできるかもしれません。

積極的に相手に話してもらうことにより信頼関係を構築できれば、自分の意見を伝

えたいときに、きちんと聴き入れてもらえるでしょう。

まとめ

①あいづちを使って、あなたの話にも素直に耳を傾けてくれる空気を作る

②質問を投げかけ、情報を引き出し、より伝わりやすいメッセージを作る

③的確なコメントをし、信頼関係を構築し、タイミングを見て自分の意見を伝える

2章

コンテンツ力を磨く！

自分にとって「おいしい話」はみんな前のめりで聴く

中肉中背、清潔感はあるけれども見かけはそこまで特徴があるわけではない、ひとりのビジネスマンがいました。彼は商社の営業職で、スーツの輸入生地を卸問屋に売っていました。

当時、ほかの商社の営業マンも、自分の会社の営業マンも、同じようなスーツの生地を同じような数々の問屋に売り込んでいました。なんとかして注文をたくさん取らなければ実績が上がらない、そんな状況です。ある者は軽妙な話術を武器にしたり、ある者は何度も訪問して顧客と仲良くなったりして、注文を稼ぎました。

ただ、この営業マンは特に話術に自信があるわけでも、もともとのコネクションがあるわけでもありません。が、あるときから営業成績がぐっと伸びました。それまでと同じスーツ生地を扱っているのに、です。

何が変わったかと言ったら、彼の営業の「話の内容」が変わったのです。

スーツ問屋が卸す先の、スーツのオーダー服小売店の店頭をつぶさに回り、そこでスーツ生地はビジネスマンの奥さん、ようは女性が選ぶのが多いことに気づきました。自分の旦那さまが仕事に着るのであれば、相手から信頼されるようなしっかりとしたものを選びたいという思いが強いのではないか、と感じ、それには女性に訴えるようなブランド生地を開発したら売れるのではないか、と踏んだのです。そこで、輸入先の海外メーカーに掛け合い、スーツにブランド名を入れてもらい、それらを輸入することにしたのです。

だから、彼の取り扱っているスーツ生地は、見かけはあまりほかとは変わらなくても、小売店のお客様である消費者が一目でわかって、安心して買えるブランド生地になったのです。

彼は、市場の状況を考えて、必然的に「売れるもの」を自分の取扱商品にし、それを卸問屋に提案していったのです。このような、売れそうな、メリットのある商品を提案されたら、問屋は話を聴かずにはいられない、そんな雰囲気になったそうです。

これは、私が社会人になって初めて勤めた大手商社の当時の部長の、営業マンとしての逸話です。当時1970~80年代初頭に営業マンとして第一線で活躍するにいたった、彼の創意工夫のひとつの例です。その営業マンはその後も市場をにらみながら、お客様に求められるものを商品化し、つぎつぎに営業成績を上げ、現在は大手商社の社長となり、その会社全体でも過去最高益の記録を更新しています。

大阪の谷町《たにまち》、という繊維の町で営業経験を積み、「ラーメンからミサイルまで」と言われる商社の事業領域全体を見渡す立場で采配《さいはい》を振るって、大きな成果を上げられています。

聴き手が求めている話の作り方

人は皆、究極的には「自分のことに一番興味がある」のです。自分のことにしか興味がない、と言ってもいいかもしれません。

「この話は自分にメリットがある」と思ったときにだけ、人は話に耳を傾けます。仕事においてのメリットとは多くの場合、自分の業績がアップする、あるいは自分のスキルがアップすると思える話のことになるでしょう。

先ほどの営業マンの例は、思わず相手が耳を傾けてしまうひとつです。

「この営業マンの話を聴いておけば、自分の商売もうまくいくかもしれない」そう思わせることができているのです。そして実際に言う通りに仕入れたら、業績が上がったということになれば、いつ行っても話を聴いてもらえるし、繰り返して注文をしてくれるようになるのです。

ポイント1 聴き手が求めていることを把握しておく

また、聴き手が何を求めているかを把握することもとても大切です。相手に価値を提供できるからです。

営業マンであれば、クライアントが「これを使ったら、うちの会社にいいことがありそうだ」と思ってもらえるような話の中身を構築しなければなりません。「うちの商品にはあれも、これもあります」とあるモノを並べ立てても意味はないのです。

相手のニーズを把握したうえで、「このシステムを使うと、生産効率が20%アップします」とか「この商品を使えば、今使っているものを使い続けるよりも年間15%コスト削減になります」と、効果を添えてプレゼンしましょう。

2020年のオリンピック・パラリンピックの開催都市は東京に決まりました。「五輪招致請負人」という異名をとる戦略コンサルタントのニック・バーリー氏のもと、東京オリンピック・パラリンピック招致委員会は東京のプレゼンの仕方を練《ね》っていったといわれています。

バーリー氏と仕事をさせていただいたことがありますが、その中でも彼が気をつけた点について、Know your audience.（オーディエンスを理解する）ということを言っていたのが印象的でした。

オリンピック開催地を決めるための投票をする人物、つまりIOCの委員たちについて調べ、彼らが共通してもっている願い、オリンピックを通して何を実現したいと思っているかを知ること。

IOC委員会は多国籍で文化的な背景はそれぞれ異なりますが、オリンピックを通じてスポーツの感動を届けたい、スポーツを通して世界は変えられるという可能性を世の中に推進していきたい、そんな願いを持っています。そして、東京はどの都市よりもその願いを効果的に叶えることができる、ということをアピールしなければならない。アピールできれば、勝利が近づいていることになる、と言っていました。

これは仕事でプレゼンする私たちにもあてはめることができます。プレゼンしている企画や商品を通じて、相手の願いを叶えられるのだ、ということを示していくのです。

ポイント2 聴き手が求めているものは、本人に聞くこともできる

相手が求めていることを知るにも限界がある……ということもあるかもしれません。商談などの場合がそうでしょう。その場合は、一度にすべてをかける必要はありません。段階を追ってもいいでしょう。

最初の商談ではなるべく相手からニーズを聞きだします。現状を聞き、そしてそこからどんな未来にしていきたいのかを聞きだしていきます。

次には、その課題についてこちらが手助けできること、解決できることを提案する、という流れにしていけばいいのです。

ポイント3 ビッグピクチャーを頭に思い描いて

話をしているうちに、聴き手が細かいところに気を取られてしまうことも出てくるかもしれません。細かいところに懸念があるから、このプロジェクト自体やらない、という方向性になってしまってはもったいないです。

細かい懸念点をつぶして、相手の不安をすべて取り除くことも大切ですが、それは大筋の目的で合意できてからにしましょう。大筋の目的が一致しているから取り組む、ということをまずは決め、そのあとで細かいところは調整しましょう、というくらいの流れがちょうどいいでしょう。

そんなときには、ビッグピクチャー、つまり大きな絵、全体像＝大きな目的を忘れずに話すこと。大きな目的に向かって、同じ思いを持っている人を、人はなかなか粗末には扱えません。

「このプロジェクトに一緒に取り組むことで新しい概念を世の中に打ち出していきたい」ということでも、

「このプロジェクトに一緒に取り組むことで、日本の経済的成長を促したい」ということでも、

「このプロジェクトを通して、復興を支援したい」ということでも、この「大きな目的」になります。

私たちの仕事も、すべて大きな目的のためにあるはずです。

つい細かいところが気になって、本来の目的を見失いがちになってしまいますが、商談などの「話」であれば、まずは大きな目的に向かって同じ情熱で向かっている、という一体感を話の中で醸成《じょうせい》するようにしていきましょう。

前向きな姿勢で話を最後まで聴いてもらえるようになるでしょう。

＼まとめ／

①人は「自分にメリットがある」と思ったときにだけ、話に耳を傾ける

②聴き手が何を求めているか把握し、価値を提供する

③ビッグピクチャーを頭に常に描き、本来の目的を忘れずに話すとよい

根拠を述べる

ポイント1 成果で示す根拠

話の作り方に大切なことは、「聴き手のメリットに訴える」「ビッグピクチャーを念頭に置く」、ということでした。

では、この2つをもっと説得力あるものにするには、どうすればいいでしょうか。

それには、**話をより具体的にしていくこと**がカギです。

例えば、会社で通したい企画があるならば、小さなことでもいいので、ひとつ成果を出しておく。

企画書に、「当社のお客様に直接ヒアリングしたところ、30人中25人が当社サービスの○○について不満を抱いていることがわかりました」など、簡単なアンケート結果を付け加えておくだけでも、ぐっと印象が変わります。

これを通して相手は何を感じるかというと、あなたのその企画への本気度です。ただ考えを文字に起こすだけに終わることなく、実際に労力を使って調査をしたわけですから、その取り組む姿勢、プロジェクトへの情熱を伝えることができます。

そして何よりも、客観的なデータを提供していることになります。数字やデータはビジネスにおいては信憑性を生みます。データはそれだけで雄弁に語りますので、上司の方も真剣に話を聴かざるを得ません。

また、すでにマーケティングしたことになるので、その企画の未来図を思い描くことができます。将来どのようになっていくか、という像を見せることは、提案や企画を通すときにとても大切です。その未来像に導かれて、人はイエスと答えてくれるのです。

ポイント2 数字で示す根拠

話に具体性を持たせるときに、データが大切だという話をしました。

「このソフトを使うことによって、御社の生産効率が上がります」

だけでは、どれくらい上がるのかがイメージできません。

すごく上がるのか、少しなのか。

「このソフトを使うことによって、御社の生産効率が今の2倍になります」

これだと、具体的にどれくらいの効果があるのかがイメージできますね。

できれば、数値の話をするときには、チャートなど視覚的な材料を用意しておくと効果的です。

私は外資系化粧品メーカーで商品企画の仕事をしていたこともありますが、そこでは常に数字や根拠が求められました。

私は特に口紅やリップグロスなどリップ商品に関わっていたときのことを思い出します。色味やラメの入り具合などを社内プレゼンする際も、必ず何人かのユーザーに試してもらい、感想をまとめ、それらをもとに意思決定をしていました。

たとえばすでに自社商品を使っている人100人にアンケートを取り、その中で何人がAと答え、何人がBと答えたか、などを具体的に示すことが常に求められました。

会社の中を見渡しても、プレゼンがうまくいき、ヒット商品を企画していっている先輩は数字で根拠を示して、上司の合意を得るのが上手であったと記憶します。

数字は対比によく使える便利な道具です。

「前年を1とするならば、これを使うと1・5になる」といった対比を数字を使って行なうと、話がわかりやすくなるでしょう。

対比する際には、基準値を示さないとどれだけすごいのかが伝わりにくいです。漠然とした数字と思われないように、基準値をしっかり調べて示すようにしましょう。「このサービスを導入していただければ、前年の生産コスト1000万円を、今年からは2／3の650万円にすることができます」という感じです。

ポイント3 他者の声で示す根拠

他者の声とは、たとえばお客様の声などの使用体験談や推薦のことを指します。最近ではソーシャルメディアの普及もあって、マスメディアを使った広告よりも、知っている人からの「これはイイ！」という言葉の方が購買行動を促しやすい、という傾向も言われています。フェイスブックなどのソーシャルメディアによって広がる口コミ効果は、今やひとつの大きな販売促進手段となっています。

電車の中にある本の広告に目が吸い寄せられることがあります。

京セラの元会長でJALのV字復活を成し遂げた稲盛和夫《いなもりかずお》氏の『生き方』（サンマーク出版）や、片づけコンサルタント近藤麻理恵《こんどうまりえ》氏の『人生がときめく片づけの魔法』（同）などの本の広告です。この広告は、本の写真の横に読者の感想が多数載せられています。

この本を読んで人生が変わった！　ということがそれぞれの人の言葉で書かれ、その人の年齢も書いてあるわけですが、いろいろな年代の人がこの本を読んで感動したのだ、ということを読んでいるうちに、自分もその本を読んでみたい、と思ってくるのです。

人は、知っている人や、自分に近そうな人が実際に言っていることには、どうしても興味がわいてしまいます。

これらを話の中で効果的に利用することで、相手の興味を惹くことができるでしょう。

＼まとめ／

①成果で根拠を示す

②具体的な数字を使って根拠を示す

③使用体験談や推薦などの他者の声で根拠を示す

「おもしろい話」とは

聴き手がみな釘付《くぎづ》けになるような人の話は、いったいどこが違うのかな、と観察してみました。

一言で言うと、〝おもしろい〟話なんです。

では、人が「おもしろい！」と思う話って、どういう話なのでしょうか？

ポイント1 相手のために話す

まずひとつには、おもしろい話とは、「**相手のために話している話**」です。

相手を理解し、相手の聴きたいことをテーマとした話です。

これは、世界最大級の規模を誇るある研修機関で言われているモットーなのですが、研修を行なう前にプレゼンターには、

To bless and not to impress!
（かっこつけようとせず、相手を祝福する気持ちで研修を行なうこと）

と言われているそうです。

自分がどう見えているかや、自分のパフォーマンスがどうなっているかを気にするよりも、相手のことを考え、相手にとって有益なメッセージを伝えることに集中するということです。

聴きたいことを盛り込んでくれている話を、人は〝おもしろい〟と感じるのでしょう。

おもしろいと人から思われる話には、もうひとつ、「わかりやすい話」があります。

では、「わかりやすい話」とはどのような話でしょうか。

「わかりづらい話」は、概要説明もなし、中心テーマもなし、共感する話題なし、関

係のない小話が飛び出して結局何を言いたいのかわからない……このような話ですよね。

1分もすれば聴き手の脳は疲弊《ひへい》して、話を聴かなくなってしまいます。

わかりやすい話は論理立っていて、順番が追いやすい話です。筋道があるので、すっと耳に入ってきます。また、難解な言葉も極力抑えられています。

やはり、**聴いていてストレスのない話**を、人は聴きやすい、わかりやすい、おもしろいと思ってくれます。反対に、順番がめちゃくちゃで、要旨を理解するために頭をフル回転させなければならないような話を聴くのは、誰だって疲れてしまいます。

ですから、相手の立場に立って、ストレスの発生しないわかりやすい話をするよう心がけましょう。

この場合のわかりやすい話とは、子供でもわかるような嚙《か》み砕いた話し方、といえばイメージが湧《わ》くでしょうか。例えば専門団体の集まりではない限り、専門用語は極力使わないよう意識するといいと思います。

ポイント2 ジョークは必要？

さて、「おもしろい話といったら、やっぱりジョーク満載とかじゃないの？」と思う人もいるかもしれません。

実はジョークで笑いをとるのは、難易度の高いことです。普段の会話では、いつもみんなの笑いを誘う人でも、いざスピーチとなるとなかなかウケないという人は意外とたくさんいます。

なので、ここでは「おもしろい話」＝「相手が聴きたいと思う話」「相手にメリットのある話」と覚えておきましょう。

海外の著名な講演家のプレゼンテーションの場合でも、通訳でご一緒する場合は、事前にジョークを教えてくれるスピーカーも実は多いです。「このような主旨のジョークを言います。言葉はぴったり訳さないでいいので、日本語の文脈でわかるようなおもしろい表現を使ってください」といったリクエストを受けることもままあります。

また、似たようなシチュエーションでいえば、ことわざがあります。ことわざをプレゼンの中で使うスピーカーの場合も「英語でDon't judge a book by its cover. ということをこのスライドのときに言いますので、これに相当する日本語のことわざがあれば、それを言ってください」などと事前にお伝えいただくこともあります。ちなみにこの英語は「見かけで中身を判断してはいけない」という意味です。その講演会のときは「本も表紙からは中身のすべてはわからないのと同じで、見かけで中身を判断してはいけないのです」といったような訳をつけたのを覚えています。

プレゼンやスピーチで人を笑わせるのが上手な人は、実は淡々と、おもしろいことをたくさん言う場合が多いです。特にスピーチの最初の方で、会場の緊張感をほぐす意味でもいくつか用意して、それを淡々と続けて言っていく。そうするうちに、会場もだんだんおもしろくなって、笑ってもいいリラックスした雰囲気になることがあります。

お決まりのものには、英国人と米国人の英語の使い方の違いなど、一般的なステレオタイプを利用した笑い、昔自分がしてしまった失敗を自虐的に、おもしろおかしく言うことを利用した笑いなどがあります。ポイントとしては、誰かを攻撃して笑いをとるようなものではないものにすることです。

ジョークで話のおもしろさを引き立てることができたら最高です。でも、高度なテクニックが必要なので、使うときは心して使いましょう。

まとめ

①おもしろい話とは「相手のために話している話」

②おもしろい話とは「わかりやすい話」

③ジョークを盛り込めれば最高。でも、高度なテクが必要

表現を工夫する

ポイント1 視覚、聴覚、触覚、味覚、嗅覚《きゅうかく》に訴えかける話し方を

人間は何かを知覚する際には五感を使います。

五感とは「視覚」、「聴覚」、「触覚」、「味覚」、「嗅覚」のことです。

私たちは、五感で物事を感じながら生きています。

ご飯を食べるとき、本を読むとき、音楽を聴くとき、そして人と話すときにも五感を刺激することは大切です。

五感をうまく利用した表現をすれば、相手の理解や関心をより深めることができます。

たとえば、日常生活でもよくこんな表現を使うはずです。

「**やっと話が見えてきた**」

「見える」は、話を視覚的に捉《とら》えた表現です。単に「わかってきた」と言うよりも相手に訴えかける力が強くなります。

「**彼の話し方は耳に障《さわ》る**」

「耳に障る」という表現は、単に聴覚だけでなく、不快な音に「さわられている」、という触覚的な表現も加わった合わせ技です。

「**そんなおいしい話はない**」

「おいしい」は、味覚から生まれた表現です。うまい話ともよく言いますよね。

「**その話は何か臭う**」

「臭う」という嗅覚を表した言葉は、「話を疑っている」というニュアンスをより強く表現できます。

単純な言葉遣いよりも、このように感覚に訴えかける言い回しの方が、相手の頭の中で、あなたの話のイメージを大きく膨らませることができます。

そして話をするときは、五感の中でも、「視覚」、「聴覚」、「触覚」、この3つの役割は特に大事だと言われています。

誰かに語りかけるときは、この3つの感覚に訴える表現を取り入れてみましょう。

試しに、このテクニックを利用して、私が外資系メーカー勤務時に担当した商品についてお話してみましょう。

「本日はお時間ありがとうございます。今日は、弊社の新しい商品「WSDリップスティック」のご紹介に参りました。この商品は、前回大ヒットした「WSリップスティック」にキラキラ（擬音語は聴覚）としたラメ成分を加えて、より鮮《あざ》やかに（視覚）、ゴージャスにしたバージョンです。新しい処方は水分を多く配合し、ぷるんとした（聴覚）唇を演出。色は微妙なニュアンスが人気のコーラルピンク、サニーオレンジ、ヌードベージュ（視覚）、濡《ぬ》れたようなツヤ（触覚）のある発色です。そして仕上がりは潤《うるお》いに満ちて、水のベールをまとった感覚（触覚）。塗った後の色は当社比較で2倍持続します。うるうるつやつやの唇（聴覚）が長時間持続して潤いを実感できます」

このような言い方は実際にはしないかもしれませんが、いろいろな感覚を意識した表現になっているのはおわかりになりましたか。

五感に訴えかける表現は、言葉のイメージをより鮮明に浮かび上がらせることができます。相手の想像力をかきたてるような言い回しを考えてみましょう。

ポイント2 抽象的な言葉に注意

五感に訴える話し方についてお話ししましたが、もうひとつ、言葉の表現について触れたいと思います。みなさん、知らず知らずのうちに抽象的な言葉を使っていませんか？


「うちの会社の商品は高すぎて、競争力がないよ」

「みんな国際結婚したいと思っているんです」


「高すぎる」のは何と比べて高いのでしょうか？

もしかしたら、感情的に話をしていたり、主観的に話していたりするのかもしれません。

比べる対象が実は本当の競合相手ではない場合、意味がないですよね。何と比べて

「高い」という言葉を使っているのか、使う前に一度考えてみましょう。

「みんな」とは、具体的に誰がそう思っているのでしょうか？

私は国際結婚がしたい、そして横の席のまゆみちゃんも国際結婚したいから、今は必死で英語の勉強をしています。けれど、その横の席の玲子さんも早紀子さんも特に国際結婚にはこだわりはありませんでした。国際結婚にこだわっていたのは、私と横の席のまゆみちゃんだけ。2名のために「みんな」と使うのは、聴き手に誤解を与えてしまいます。

「東京の人は、みんなコレを履《は》いていますよ」

という言葉で靴を薦《すす》められたら、注意しましょう。東京の人がみんなそれを履いているはずがありません！

ついつい使ってしまう言葉、本当に意味があって使われているのか、今一度振り返る機会になりそうですね。

＼まとめ／

①五感に訴えかける表現を使う

②五感の中でも特に「視覚」「聴覚」「触覚」に訴えかける

③知らず知らずのうちに使ってしまう抽象的な表現は見直す

共通のネタを話の始めに入れる

話の始めには、一般的な話題、誰もが気軽に話せる話題を取り入れる、という手があります。今日の天気、スポーツやちょっとしたニュースなどです。

英語でビジネスをするような場合でも、最近のビジネスの状況はどうかといったことや、相手の国で話題になっていることを挙げて様子を聞くことから商談を始める人もいます。お互いにうなずきあえるような、同じ意識を持てるようなものであれば、小さなネタであってもお互いが合意している雰囲気から入れるので話がスムーズに運びやすいと言われています。

例えば、その日に話したいトピックと関連している時事的な話から始めるのもひとつの手です。

「最近話題の〇〇、お試しになりました？　実はあれは……」（知っている人も知らない人もいるかもしれないことを前提に〇〇のことを説明し、今日の話題へと導く）

「最近〇〇が話題ですが、実は本質的には××だと私は思うのです」

時事的な話題といえば、天気の話でも構いません。

「いやー、暑いですね。御社もクールビズでノータイを推奨してらっしゃるのですね。ネクタイをしているときと気温の感じ方が全然違いますよね」

「雨はけっこう小降りになりましたね。お帰りくらいにはあがるといいですね」

シンプルな話題であっても、お互いに「そうですね」とうなづき合えると、次の話への展開がスムーズに行くのです。

聴き手がどういう人なのか、何に興味をもっているのかを考えた上で、適切な時事ネタを話に盛り込むことができれば、相手の関心をすっと引きよせることができるでしょう。

まとめ

①時事ネタなど聴き手と同じ話題を共有することで、相手の関心を惹く

②シンプルな話題でも、お互いに「そうですね」とうなづき合えればＯＫ

あえて問題点を示す

あえて先に、問題点やチャレンジとなる部分を言ってしまう、というのも人の興味を惹きつけるには効果的な話の内容です。

ボロが出る前に……というわけでは必ずしもなくて、要は話の内容についてある程度覚悟してもらう、というスタンスに近いと思います。

覚悟しなければならない点や、ともするとデメリットとなる部分を先に自ら示すことによって、信頼感を得られます。

当然、普段の会話やビジネスの現場でも同様のことが言えます。

メリットばかりを押し出すセールスマンAと、正直にデメリットも明示してくれるセールスマンB、あなたはどちらを信頼しますか？　私は、メリットだけでなくデメリットも正直に挙げることで、考える材料を増やしてくれたBを信頼すると思います。

問題点やデメリットをひたすら挙げればいいというわけではありませんが、時には正直に問題点を挙げることも必要です。

そうすることで、聴き手はあなたの話に誠実さを感じ、それがあなたと聴き手の信頼関係の強化につながっていきます。

＼まとめ／

①デメリットとなる部分を先に自ら示すと、人の興味を惹きつける

②デメリットを正直に示すことで、信頼感も得られる

熱い気持ちに勝るフォースなし

これまで、相手に伝わる話の内容をいかに作るか、一通りの方法をみてきました。

ですが、どんなテクニックよりも大切なエッセンスがひとつあります。

最後にそれをお伝えして、この章を終わりにしたいと思います。


そのエッセンスとは、**「情熱」**です。

聴き手は、情熱的に語れる人に対して「自信に満ちていて、話に説得力があり、信用に値する」と感じます。

情熱を持って、おもしろそうに語っているからこそ、こんなに情熱的になれるプロジェクトなんだ、そんなにすごい商品なんだ、と聴き手は惹きこまれるのです。

私が商社勤務時代、ある海外ブランドの日本における独占輸入販売権及び総代理店契約を交渉していたときです。マーケットリサーチの結果や今後の展開のシミュレーションなど、難しいプレゼンテーションを用意し、交渉に臨《のぞ》みました。

交渉の目的は「日本市場でのそのブランドの成功」でした。

私は、日本の商社やメーカーのエゴでもデザイナーのエゴでもなく、あくまでも消費者視点に立ったブランドのプロデュースを行なう、という情熱の元にそのプレゼンをしました。数字的にそのデザイナーがいくら儲かって……という試算ももちろんしましたが、それよりもその消費者像や指示されていくシナリオの展望を描くことに注力したのです。

プレゼンの結果、私のチームが独占権を勝ち取ることができ、後日そのデザイナーが私のチームを選んだ理由を上司から聞きました。

ひとつめの理由は、デザイナーが得たい最大のベネフィットが日本の消費者に受け入れられて支持されることであり、私のチームと手を組むメリットが明確だったということ。

そして決め手となったもうひとつの理由が、プレゼンターであった私たちの情熱に心が動かされたということでした。「熱い気持ちに勝るフォースなし」ということです。

プロジェクトの成否は、それにコミットする人々の情熱にかかっている、と相手に感じさせることができたのだと思います。熱意を示すと企画は通りやすくなり、その企画自体が成功しやすくなる、ということを教わりました。

ではその情熱、形のないものですが、具体的にどうやって相手に伝えるのでしょうか？

1章でお話しした言葉以外で伝える術《すべ》（ボディーランゲージ、アイコンタクト、声など）こそがあなたの情熱を伝えるために大いに役立ってくれるのです。

さらに、あなたの気持ちをそのままストレートに言葉に込めることも大切です。ここぞというときには、自信をもってメッセージを断言してしまいましょう。

私が出会って通訳させていただいている師匠のみなさんは、ご自分の話すテーマには相当な情熱を持っていて、表現力も素晴らしい方ばかりです。その中で非常に印象的だったのは、ブリジット・ジョーンズも愛読する、世界中で大ベストセラーシリーズとなった、『男は火星人女は金星人』のジョン・グレイ博士です。

アメリカ人の割に細身で華奢《きゃしゃ》な印象さえ持ちましたが、実際講演をされるときのボディーランゲージやジェスチャー、顔の生き生きした表情からして体が大きく見えるくらいです。それくらいの情熱を持って人に伝えたいことがある、ということ自体とても素敵なことだと思ってしまいました。

〝熱いパフォーマンス〟だけでは、相手の心には響きません。心からの情熱をもつことを忘れないでください。

まとめ

①どんなテクニックよりも大切なのは「情熱」

②情熱を伝えるためには、言葉以外で伝えるワザが大いに役立つ

③〝実は熱い〟キャラクターを持った人が、一番効果的に情熱を伝えられる

3章

構成力を磨く！

プレゼンテーションの三部構成

プレゼンテーションやスピーチでは次の三部構成が一般的です。

序論
（イントロダクション）

▼
▼
▼

本論
（ボディー）

▼
▼
▼

結論
（コンクルージョン）

ポイント1　序論のつくり方

序論の目的は3つあります。

・つかみ
・目的の明確化
・概要説明

です。

ポイント2

つかみは短く・効果的に

序論の1つめの役割はつかみ、聴き手に興味を持ってもらうための出だしです。本来一番伝えたいメッセージを伝えるためのウォームアップだと思ってください。聴き手にとっても、あなたに慣れてもらうための大切な一歩です。出だしであなたを気に入ってもらえれば、伝えたいメッセージが伝わりやすくなります。

では、「つかみ」のパターンをみていきましょう。

❶ 質問から始める

I have a question for you.
（みなさんにお聞きしたいことがあります）

プレゼンテーションの冒頭にこのように言って始める海外の名講演家がいました。

聴衆に質問することによって、まずは興味を惹きつけたのです。質問されると、無意識に相手に注目し、答えられるようになるために相手の話を一生懸命聴いてしまいます。この反応を生かして、質問から始めてもいいでしょう。

そして質問は「はい・いいえ」で答えられるような質問、むしろ答えは「はい」であるような質問がいいとされています。スピーカーに対してＹＥＳと言う、つまり同調する、というのがポイントです。ＹＥＳと言うだけで、話し手と聴き手の間の一体感が増すのです。

「プレゼンって気が重いな、と思ったことがある人はいますか？」

「もっとスムーズにプレゼンができるようになりたい、と思っている人はいますか」

とか、

「朝起きるのがつらいな、と一度でも思ったことがある人はいますか？」

など、それから話す内容にスムーズに入っていけるような質問がいいでしょう。

または、

「みなさん、おそろいですか？」

「私の声、聞こえますか？」でもＯＫです。

質問することによって、自然に聴き手を話に集中させてしまうことができるのです。

❷今朝のニュースを話題にする

「御社のあるあたりにまた新しいホテルがオープンするそうで、華やかになってきましたね。最近、街にいる人の層が変わってきたのでは、と言われていますが、実際はいかがですか」

といったように最近の話を交えながら、相手に質問をする、というのでもＯＫです。旬の話題をすることによって、新鮮な前向きな気持ちで本題に入ることができます。

❸その地域について触れる

「広島に来たのは10年ぶりです。実は私の祖父が広島の生まれで、先祖のお墓は広島にあるんですよ……」

これで話し手と聴き手には共通項が見つかりましたので、ラポール（相互信頼）を築くいい機会になり、お互いに安心して話を進められます。

「初めてこちらにお邪魔したのは15年前でして、当時はあの角に見事な桜の木があったのを覚えています。その当時を覚えていらっしゃる方いますか？」

など、時代をさかのぼって同じ情景を思い浮かべてもらうのもいいですね。

「実は、私がこちらにお邪魔するのははじめてなのですが、驚いたことにタクシーの運転手さんが、飴《あめ》やらお菓子やらをくださるんですね。東京ではなかなかそんなことはありません」

「こちらの学校給食は、有機栽培の自家製のお野菜を取り入れていると聴いていましたが、本当に子供たちの食には細心の注意が払われていて、噂《うわさ》の通り素晴らしいですね」

自分の所属する町や学校を誉《ほ》められて悪い気のする人はいません。率直にその町についてて感じたこと、出会ってうれしかったことを話しましょう。

❹自分の経験について語る

簡単に言うと自己紹介。そこで自分のキャリアについて触れ、なぜ自分がその話をしにきているのかのバックグラウンドを伝えることで、その話をするのにふさわしい人物だ、ということを印象づけることができます。

❺数字でエンジンをかける

数字から始めると、その数字の理由を聴きたくなります。

例えば、アップルの故スティーブ・ジョブズ氏は、この入り方が得意だと言われていました。iPodがどんなに売れているのかを、わかりやすいチャートで示した後で、その大躍進の数字の背景の話をしていきます。

聴き手は「聴きたい！」と興味を抱くことになり、ジョブズ氏はそれに応えているかのような話の進め方です。数字の謎解きのようで、具体的でわかりやすい構成です。

ポイント3 目的を明確にする

さて、次のテーマに移ります。

序論の2つめの役割は、「目的の明確化」です。

目的のないプレゼンテーションは、行き先の定まっていない旅のようです。散歩や冒険だったらそれでもいいかもしれませんが、話となれば行き先が定まらないと話のどこを聴いたらよいのか聴き手が混乱して、最終的には話を聴かなくなってしまいます。

最初に目的をはっきりと聴き手に伝えましょう。

「今日1つだけ覚えて帰っていただくとすれば、……です」

この言葉だけでも、その日の目的は達成されたも同然です。

目的がこの話における「メッセージ」です。始めに明確にしておくことによって、これから聴き手が聴こうとしていることがはっきりし、無意識に相手はその目的に沿ったことがらを耳に入れることができます。


今ここで簡単なエクササイズをしてみます。

「目を閉じて、この部屋に青いものがいくつあったか思い浮かべてください」


あなたはいくつ思い浮かべることができますか？


では、目を開けて実際に青いものを数えてみてください。

私が「青いもの」に焦点を当てたので、青いものは次から次に目に飛び込んでくるはずです。

それと同じで、聴き手に「今からこの話をします」と先に目的を明確にしておくと、その枠を通して聴き手は話を聴くことになり、話し手への注目度が上がります。

ポイント4 概要を説明する

序論の３つめの役割は、概要の説明です。

要するに「アウトライン」「目次」「アジェンダ」というようなものです。

ここで今回のメインテーマを話し、映画やテレビでいうところの「**予告**」をします。

簡潔に話の目的と聴き手にどのようなメリットがあるのか（前にもお話ししましたが、人は自分のことしか考えていないですから、自分にメリットのある話にしか興味がないのです！）を伝え、目次のようなものを話しましょう。

話し手が概要を話しておくと、聴く方は安心して話が聴けます。

終着点がわからない話は、いわゆるよもやま話、どうでもいい世間話と捉えられてしまいます。
また、概要の最後に、この話は何分くらいのものなのかを伝えておくと、次のアポイントなどがある聴き手は安心できるでしょう。
最初に概要を話しておかないと、聴き手に一番メリットのあるところにさしかかる前に話に飽《あ》きて、肝心な部分を聞き逃されてしまう可能性もあります。

概要を話すと、それが事前情報となり、話し手と聴き手が共通の地図を持って目的地に向かっているかのような連帯意識が生まれます。話が進むにつれ、概要に立ち返ると興味を一回一回新たにすることができ、話し手にとっても話がスムーズに行きやすいです。

営業のプレゼンテーションや社内のトップに対するプレゼンテーションなど、聴き手とあまり親しい関係ではない場合、自分をオープンにしてしまうのは多少の抵抗があるかもしれません。

そして、特にあなた自身のことを相手に伝えなくても、プレゼンの中身が良ければいいと思う方もいるかもしれません。

でも、話し手が自分をオープンにした方が、プレゼンテーションや話はうまく伝えられます。

聴き手も生身の人間で、親しみを感じる人の話を自然に聴いてしまいます。

また、自分にメリットのある話を一生懸命してくれる人の話には、自然に耳を傾けてしまいます。

かしこまりすぎたり、通り一遍のマニュアル通りに始められた話、あまり興味が湧きませんよね。それは誰でも同じです。

＼まとめ／

①序論は聴き手に興味を持ってもらうためのつかみ
②話の目的を聴き手に伝える
③話の概要を説明し、メインテーマを予告する

自分の伝えたいことを言う　本論（ボディー）

概要を話したところで、いよいよ「ボディー（本体）」に突入です。

ボディーのパートでは、この章のはじめにお話ししたように、イントロダクションで述べたメッセージに対する「理由」「情報」を混ぜながら、自分の伝えたいことを話していきます。

ボディー・パートを話すときに注意したいことは、**常に全体像を意識して話を進めていくこと**です。

ボディー・パートは、話を3つに分けて話すと、聴き手は話の内容を理解しやすく、また、自分も話しやすくなります。

海外のエグゼクティブなどがプレゼンテーションでよく使うパターンは、

●ボディー①＝現状
●ボディー②＝ベネフィット
●ボディー③＝次のステップ

というボディーの分け方です。

あとは、この3つについて順番に話せばいいのです。


ボディー・パートを話すときは、ひとつの話が終わり次の話題に移る前におさらいをしてください。

ボディー①からボディー②に移る前に、ボディー①のまとめをすること。そして、ボディー②について話す、とあらかじめ言った後でボディー②の話をしてください。

左のイラストのような具合です。

こう書くとくどいように感じるかもしれませんが、はじめて聴く話であれば、重要箇所はリマインドしてあげないと、話に途中でついてこられなくなる場合もあります。リレーのように、話の節々でバトンを渡すように話を進めていきましょう。

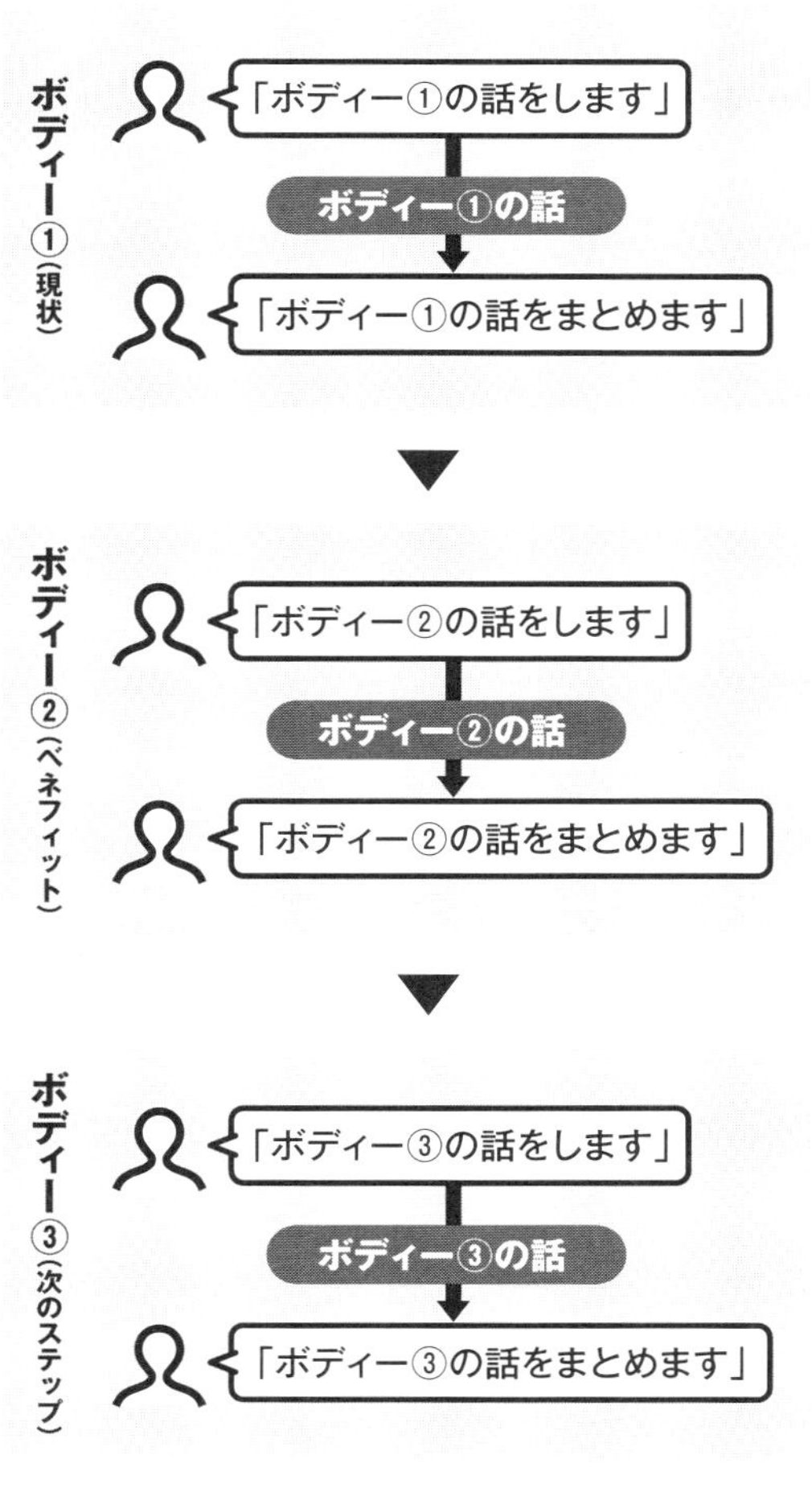

言い方にバリエーションを出すとしたら、

「今まで①の話をしてきました。では、実際そこにいる人たちはどう感じているのでしょうか？　そこで、次は②の話につながっていくわけです」

「①の状況であることがわかりました。では、実際競合相手はどのようにしているのでしょう？　そこで、②で競合相手はどうしているのかについて調べた結果をお伝えします」

このように話をつなげていくと、話もわかりやすくなり、テンポよくスムーズに話が進んでいきます。

＼まとめ／

① 話を3つに分ける
② 全体像を意識しながら話す
③ 「理由」「情報」を述べる

次の行動へ相手を動かす　結論（コンクルージョン）

ボディーを話したら、次はどうやって話を締めるかを考えます。

話を締めるコンクルージョン（結論）のパートでは、次の4つのことをコンパクトに話すようにしましょう。

①ポイントをおさらいする

②行動を喚起する

③ポジティブに終わる

④締めの言葉

では、ひとつずつお話ししていきますね。

ポイント1 ポイントをおさらいする

話の目的は何だったかを、最後にリマインドしましょう。
そして話の中身、ボディー①、②、③のポイントを簡単に説明しましょう。
必要であれば、資料のスライドやページに戻りながら話をしましょう。
ここはくどくならないように、重要箇所だけしっかりと押さえます。

ポイント2 行動の喚起

具体的に聴き手にどのような行動をしてもらいたいのか、はっきり示しましょう。

「それでは、おいくつご用意させていただきましょうか?」
「今日、お申し込みの方は、申込用紙に必要事項をご記入の上、会場を回っている係の者にお預けください」

でもいいです。

「今日お話ししたことは、『いい話を聴けてよかった』で終わりにするのではなく、今からすぐ実行に移してください」

など、次のステップを示唆《しさ》するものでもいいでしょう。

あなたの話の目的は、最終的に聴き手に行動してもらうことです。

ポイント3 ポジティブに終わる

話し手も聴き手も、今日は価値のある時間を共有できた、と感じてもらうためにも、前向きに話を終えるのはとても重要です。

この話がどの点で良かったのか、あなたの話している内容を受け入れることがどんなに良いことなのか、を改めて感じさせてあげてください。

良いイメージをもって話を終えるポイントとして、将来や周りへの影響を想像してもらうといいでしょう。

「今回お話しした商品を取り入れていただければ、御社の生産効率が20％アップします。そうなった場合の生産台数をイメージしてください。○○台になるはずです。また、効率的になったことに対して、従業員の方はどのように感じられるかを想像してみてください。こちらを取り入れていただいた1年後のことを想像してみてください」

など、将来のことや周りの人への影響をリアルに想像してもらいましょう。

その後に、話を聴いてくれた聴き手に対して、話し手は感謝の意を述べてください。

「今日は貴重なお時間をありがとうございました。みなさんにこのお話ができて、私も本当に価値のある時間を過ごすことができました」

この一言で話の印象が大きく変わりますし、話し手であるあなたもすっきりと終えることができると思います。

ポイント4 締めの言葉を決めておく

「最後に申し上げたいことは……。そして今回最も重要なのは……。そしてさらに……」

と延々と続く「最後の一言」。

「この人の話、長い……」と最後に思わせたら、そこまでの好印象な話しぶりが台無しです。

最後はどんな話で終えるかを決めておき、そこで話をすっきりまとめて終わりにしてください。

「みなさん、ありがとうございました。これで今日の話は終わりとさせていただきます」

というようなことで充分です。そう言いきってしまえばいいのです。

応用編としては、引用句や何か有名な格言を用いてもいいでしょう。
また、話の途中で出したキャッチフレーズや決まり文句でもいいです。
着地点を決めるような感覚で、話の締め方を決めておくと話の印象がアップします。
プレゼンであれば、
「当社のホームページに詳しいデータがありますので、ご参考にしてみてください」
と、詳しく知りたい方のために情報を伝えておくのもいいでしょう。
そこまで〝知りたい〟と聴き手に思わせるような話しぶりをしたいですね。

＼まとめ／

① 聴き手を行動に移すような言葉で締める
② ポジティブな印象で終える
③ メッセージを念押しで述べる

4章

本番力を磨く！

この人に任せたら安心だ！　と言われる人になる

プレゼンテーションを行なうとは、どういうことなのか。
英語 presentation のもととなる動詞は present。
英語の辞書で引くと present の語源には贈り物を差し出す、というニュアンスがあります。そして、present の意味はフォーマル、公式な形で何かを差し出すことです。

プレゼンテーションはコミュニケーション上のやりとりです。メッセージを相手に受け取りやすい形にして届けること、ととらえてみたいと思います。
現代のビジネスでも、社会でも、コミュニケーションのやりとりがうまくいくと、物事も多くはうまくいくように思います。コミュニケーションを円滑にし、プレゼンテーションを少しでも上達させれば、物事はうまくまわっていくといえるのではないでしょうか。

プレゼンテーションは、大きなホールで行なう講演や、社外の取引先に新しい商品を説明するもの、というイメージもあるかもしれません。

しかし、それだけではありません。社内の会議も、ちょっとした打ち合わせも、プレゼンテーションの基礎を踏まえて話をすれば、ぐっと相手に伝わりやすくなるのです。

そして、プレゼンテーションスキルは商品などのモノを売るためだけではなく、自分のことを売り込むためにも必要なスキルです。

プレゼンテーションスキルを身につけると、社外だけではなく、社内でも自分の実力をアピールし、意見を通すためにも大きな力となるのです。

では、具体的にシチュエーションごとにプレゼンテーションを見ていきましょう。

まとめ

①プレゼンはコミュニケーション

②日頃からプレゼンの基礎を踏まえて話せば、相手に伝わりやすくなる

③プレゼンは、社外だけではなく社内で存在感を示すスキル

社内でのプレゼンで人を巻き込む

年々、社内のプレゼンもしっかりしたものでなければ、提案した企画やアイデアはなかなか通らなくなってきました。

厳しい状況においても、自分のやりたいことを通していくためにはどうしたらよいか、また、社内の知っている人をうまく攻略して企画を通すにはどうしたらよいのでしょうか。

一番有効な準備、それはネタバレ&リサーチです。

ポイント1 周りを巻き込む

社内のプレゼンテーションであれば、前もってネタバレしておきましょう。

プレゼンテーションの聴き手を事前に調べておいて、その人たちに、

「こんな企画を考えているんですけど、どう思いますか？」

と聞いてまわってください。

そして、アドバイスしてもらった意見はきちんと考慮に入れ、プレゼンテーションがより良くなるのであれば、どんどん取り入れてみましょう。

プレゼンテーションの段になったら、たとえば、

「先日、この件について実はGさんに相談に乗っていただきました。この企画を気に入っていただき、さらにこのようにしてみたらどうかとアドバイスもいただきましたのでプレゼンに反映いたしました」

とか。話を聴いている人がふむふむ、と納得してうなずいている姿が目に浮かぶようです。

このようにすると、この企画は個人の思い付きなだけではなく、すでに社内のほかの人も支持しているものだ、という認識を植えつけることができるでしょう。

社内の人を巻き込むことも、社内で企画を通す鍵となります。

ポイント2 成果を出しておく

また、2章で触れましたが、本気で通したい企画があるのであれば、それに関連した成果をひとつでも出しておくこと。

リサーチをして何かの結果を出しておくと、企画への本気度や情熱といったもの、また、プランに現実味と説得力が増し、聴き手はその企画から有望な将来像を描きやすくなります。

ポイント3 現実的な数字で、自社のメリットを話す

また、具体的な数字を提示すると効果があると前の章で触れましたが、やはり社内でも社外でも一番説得力があるのがデータです。

「売上」「利益」「コスト」「顧客のライフタイム・バリュー」「購入頻度」「平均購入単価」……など、たくさんあります。

キーとなるのは、その数字に意味づけをすることです。

ポイント4 日頃のコミュニケーションに気を配る

身近にプレゼンテーション対象がいるのであれば、日頃の仕事に向ける姿勢や周りとのコミュニケーションのあり方が大切です。

普段から周りとのコミュニケーションが取れていれば、実際に何か新しいことを始

めようとするときなどに、協力を得やすくなるでしょう。
新しい企画にはリスクがつきものです。仕事を任せてくれる上司にとっても、会社にとっても、リスクや不確実性をなるべく最初から取り除けるようにしておきましょう。

＼まとめ／

① あらかじめネタバレとリサーチをしておく
② 具体的な数字を出し、その数字が意図するものを示す
③ 日頃の仕事へ向ける姿勢、周りとのコミュニケーションを大切にする

社外でのプレゼンで結果を出す

では、社外でのプレゼンテーションはどのようにしたらよいでしょうか?

社内でのプレゼンテーションのように、お互いをよく知る間柄で行なうわけではないので、社外でのプレゼンテーションは、よりいっそうの準備が必要となります。

海外のエグゼクティブの多くは、準備にほとんど労力を割いているといっても過言ではありません。また資料も入念に確認しておきましょう。

ときどき、ヘッダーの会社名だけを変えたプレゼンテーションで、ところどころ社名に誤りがあったり、相手の会社の状況を正確に反映していなかったり、はたまた違う社名がコピー&ペーストの段階で残ってしまっているプレゼン資料やパワーポイントを目にしますが（↑本当にあった話）、しっかりとその会社に向けてのプレゼンを入念に準備しましょう。

ポイント1　顧客のメリットを伝える

社外でのプレゼンは、相手のことを思ってする話です。

聴き手である顧客へのメリットを明確にし、意識して伝えるようにしましょう。メリットを言うときには楽しそうに、そのメリットを相手はすでに享受しているような気持ちで話してみましょう。前向きな感情が、相手に伝染することをイメージしてみましょう。

ポイント2　顧客の情報収集を怠らない

プレゼンでは、聴き手の求めていることを話し、相手の注目を引きましょう。ではどのようにしたら、聴き手が求めていることがわかるのでしょうか。

それには事前準備としての情報収集が欠かせません。

「ところで御社のメイン事業は何ですか」

など、調べればすぐにわかることを相手に聞くことがないように！　インターネットを活用したり、社内でその会社のことを知っている人に聞いたりして、情報収集は怠らないようにしましょう。

ポイント3　同業他社の事例を効果的に使う

「このサービスをウチの会社が導入して、本当にメリットがあるの？」といったことを聞かれることも多くあります。

事前に準備したシミュレーションを見せることも対応のひとつです。

また、公開できる範囲で、他社の導入事例、成功事例などを織り交ぜましょう。

「E社はこのサービスを導入することで、会員登録数が25％アップしました」など、視覚的にわかりやすい資料とともに提示してみましょう。

なかには、サービスの効果の有無にかかわらず、他社がやっているならウチも試してみよう、というところもあるかもしれません。

また場合によっては「御社にまずお持ちしました」「ほかの業界では実績が出ていますが、御社の業界ではまだ取り組んでいる会社はありません。これを機会にご検討いただけると、他社に先駆けてメリットを実感していただけると思います」といった手法が効く会社もあります。

提案する商品やサービスと、相手の状況をかんがみて、攻略法を考えましょう。

ポイント4 誰を見たらいいか（アイコンタクト）

社内、社外にかかわらず、大人数を前にしたプレゼンテーションの状況を考えてみましょう。仕事をする中で出会った、ある海外のエグゼクティブが使っている手法をお話しします。
そのプレゼンに出席する人が複数いる場合、「意思決定者」「側近」「その他の人」と分けてみます。

「意思決定者」はまさしくその場で意思決定をできる権限のある人です。意思決定のスピードの速い企業などではミーティングに出た人がその場で決める風潮がありますミーティングによっては参加しないこともありますが、その際はミーティングで意思決定者に物事を報告する人をこのポジションとして考えましょう。

何かの決断を迫るとき、または相手や相手の会社をほめるときなどにはタイミングよく意思決定者にアイコンタクトを取りましょう。

次に「側近」です。この人は意思決定者に助言を求められる立場なので、アイコンタクトも積極的に取りましょう。話のメインであるボディー・パートについて説明するときは、彼らに話す気持ちでアイコンタクトをしていきましょう。

その他の人に関しては、決裁権を持っていないということで配慮を欠いてしまうようなプレゼンも時には経験します。しかし、現場で動くのはその人たちですし、現場があまりよくない印象をもっていれば、上司である意思決定者にも好意的に映らなくなってきてしまいます。アイコンタクトを通し、信頼関係を築くことに重点を置きましょう。この人たちには主にメリットを伝えたり、わくわくした感じを伝えられたりするタイミングで目を向けるといいでしょう。

要所要所で響く人が違うので、タイミングよくアイコンタクトをしていけるよう、練習を重ねましょう。

＼まとめ／

① 事前準備としての顧客の情報収集を怠らない
② 同業他社の事例を効果的に盛り込む
③「意思決定者」「側近」「その他の人」に平等にアイコンタクトをする

スピーチ・講演を成功させる

社内のプレゼンテーション、社外でのプレゼンテーションのコツがわかってきました。では次に、スピーチや講演など、大人数の前で話すときのコツにいってみたいと思います。

ポイント1　会場のレイアウトを事前に把握する

主催者側の都合もあると思いますが、だいたい1時間前に会場入りしておくと気持ちが落ち着く、という人が多いようです。

では1時間も前に会場入りしたら、どのようなことに注意してみていけばよいのでしょうか。

□自分は壇上に立つのか？　聴き手と同じフロアに立つのか？
□講演台みたいなものがあるのか？　自由に歩き回るスペースがあるのか？
□マイクはワイヤレスか？　コード付か？　また、手持ちマイクなのか？　手ぶらで使えるピンマイクなのか？
□プレゼンテーション資料のセットアップはどこか？　機械の接続は問題ないか？
□聴き手はテーブル毎に座るのか？　それともスクール形式で座るのか？

など、注意する点がいくつかあります。

海外のエグゼクティブは、壇に上がって、自由に動き回れて、ピンマイク、というパターンが一番自由度が高くてよいと思っている人が多いようです。好きに身振り手振りもできますし、会場全体を見渡して一人ひとりが見えるからです。

設備、機材の有無やシチュエーションを考慮し、自分と聴き手が一番居心地よくできるパターンを選択しましょう。

聴き手に関して言えば、重要になってくるのが会場の空調の温度設定。

あまりあたたかいとすぐに眠くなってしまいますし、寒すぎると集中力が途切れます。

聴き手にも心地よく聴いていただけるようにするのも、思いやり。

話し手と聴き手の関係は、こういうところからすでに始まっているといってもいいかもしれません。

ポイント2 聴き手の特性を事前に把握する

聴き手はどんな人で、どのような動機で会場に来ているかを充分に把握しておきましょう。

プレゼンテーションは、聴き手にメリットを提示することが非常に大切です。

どんなメリットを提示するかは、聴き手をリサーチするなかでわかってきます。しかし、そのリサーチは何もひとりでやる必要はありません。主催者や周りで詳しい人に聴いてもいいのです。

このことについては2章で、五輪招致請負人のニック・バーリー氏のエピソードとして紹介しましたので、参考にしてみてください（79ページ）。

ポイント3 どこを見ればいいか（アイコンタクト）

講演など相手が大人数の場合は、目線の送り方が2つあります。

ひとつは、向かって会場奥の上辺りを見る目線。

全体に向かって何かを発信している印象を聴き手に与えることができます。

実際、自分のエネルギーを視線とともに会場奥まで全体に行き渡らせるには、とても効果があります。

もうひとつは、前方にいる人に向けて話す目線です。

講演のときに使うのは、基本は前者です。そして、時には会場をゆっくり見渡したり（ゆっくりがポイント。きょろきょろしていると思われない速さ）、時には右奥や左奥を見たりしてもいいでしょう。

ただ、話の最初はどうしても会場の反応が気になります。そんなときは、前方で熱心に話にうなずいてくれたり、ジョークに笑ったりしてくれる人を見つけましょう。

その人を自分の応援団と思い、頻繁に目線を送ることで、緊張が和らぎ、リラックスして話すことができます。

＼まとめ／

①会場全体のレイアウトを事前にチェックする

②聴き手の特性を事前に充分リサーチし、把握しておく

③講演など相手が大人数の場合は会場奥の上辺りを見るのが基本

あがらない方法

ポイント　とことん予習する

話の内容に自信がなかったり、話すべきことを忘れてしまうのではないか……と思うことも、あがってしまうことの原因となります。

中途半端な知識でプレゼンテーションやスピーチに臨むと、必ずボロが出ます。とことん予習をし、プロフェッショナルと思われる話ができるようになれば、緊張は和らぎ、あがることは少なくなります。

先に紹介したジェイ・エイブラハムさんをはじめ、私がこれまで一緒にお仕事をしてきた一流のスピーカーは、とことん予習をしてスピーチに臨みます。

百戦錬磨《ひゃくせんれんま》の一流スピーカーは、場数を踏んでいるからあがらないという理由だけではなく、自信を持って話せるよう入念に予習をしているから、あがることなく、自信を持ってスピーチができるのかもしれません。

プレゼンテーションのときは、堂々と見えるよう、呼吸も長く深く、少し通常よりゆっくりめに話をしていきましょう。

まとめ

① 中途半端な準備や知識でのぞむことが、あがりの原因に

② 一流の人でも、とことん予習している

資料ではなく、人を見ろ！

さて、プレゼンテーションやスピーチのときによく見るのが、資料の棒読みという光景です。

資料棒読みのプレゼンテーションやスピーチとはじめからわかっていたら、資料を渡してもらえばいいわけで、何も忙しい中、その場に出席する必要はないとみなさん思うはずです。

ただ、何も見ないで内容を丸暗記してプレゼンテーションやスピーチができるかといえば、非常に難しいでしょう。

テレビのニュースキャスターのニュースを読むときの原稿への目の向け方と間合いなどを参考にして、聴き手はあなた自身の言葉で話をしてほしいと思っていることを常に意識しながら話をするようにしましょう。

ポイント
話の流れを叩き込む

自分の言葉で話をするときに一番頭に叩き込んでいただきたいのが、116ページで紹介した「話の流れ」です。

プレゼンテーション全体を通して、緩急をしっかりと刻むことによって、実際の話には自由度が増します。

充分に話の流れがわかっていれば、その範囲で好きなだけ遊びが持てるのです。

何を話すかの大きな流れさえ覚えていれば、詳細は資料やプロジェクターから映し出されるパワーポイントの画面が、フォローしてくれるでしょう。

＼まとめ／

① 資料の文章ではなく、自分の言葉で話す
② 話の流れを叩き込んでおけば、遊びのあるプレゼン、スピーチができる

あなたの話を印象づけるポイント

ポイント1 ビジュアル、見本、デモンストレーション

話をするときに、話し手の声以外にも聴き手の五感を刺激するものがほしいです。見ているものがずっと同じ話し手だけ、という場合、聴き手が飽きる可能性があります。

前述したように、人間は何かを知覚する際に五感を使います。熱心に聴いてもらえて、印象に残る話をするには、五感の中で特に我々が頼りにしている視覚・聴覚・触覚、この3つに訴えるのがいいでしょう。

声だけでプレゼンテーションするのではなく、ビジュアルや資料を使うと聴き手は視覚を使います。

なるべく色やグラフ、チャートなどが効果的に使ってあるものがいいでしょう。

また、見本を使うと聴き手は視覚と触覚を使います。

見本はなるべく触れるようなものがいいですね。

デモンストレーションを行なうと、聴き手は視覚、聴覚、触覚を使います。

デモンストレーションにも種類はあると思いますが、なるべく体験できるものがいいですね。使用前、使用後など具体的な効果がわかったり、従来品との比較ができたりするとプレゼンテーションしている商品をより深く理解してもらうことができます。

ポイント2 繰り返し強調する

どんなに中身のある話でも、単調な話し方では全然頭に入ってきません。

なので、あなたの話にも強弱、メリハリをつけましょう。

メリハリはどうやったらつくのか？

重要だと思う言葉、フレーズ、文章は繰り返してください。

何回か聴くことによって、聴き手の脳に焼きつきます。

「今の部分は大切なので繰り返しになりますが……」と言っても可。

このとき、手でジェスチャーを入れてみたり、同じ絵を見せたりするとより印象づけることができます。

まとめ

① ビジュアル・見本・デモンストレーションで視覚・聴覚・触覚に訴える
② 重要な言葉・フレーズ・文章を繰り返す

質問に対する対処法

「あえてマイナス点を言うとしたらどこですか？」
「あなたのサービスが他社より高いのはなぜですか？」

普段から考えていてすぐに答えの思い浮かぶものから、ちょっと答えに詰まるようなものまであるでしょう。質問は時に怖く感じることもあるでしょう。

答えられなかったらどうしよう……。

と思っても、プレゼンテーションの後で質疑応答は積極的に設けましょう。

話し手にとっても聴き手にとっても質問によって新しい気づきが得られるかもしれないですし、話していてなにか誤解を与えるような表現をしてしまっていたら、それを訂正するチャンスです。

質問に答える行為は、自分の伝えたいことを再度聴き手に伝える機会になるのです。

質疑応答を効果的にするためにはまず、質問を理解し、質問の意図を確認すること。

質問を自分で繰り返したり、別の表現で言い換えたりして、その質問の意味を理解してから答えるようにしましょう。

質問の意味が合っているかどうかは、質問した本人に聞きましょう。

自分で理解していない質問には適切に答えることができません。

質問にきちんと答えることが目的のひとつですから、「今のご質問は○○ということでよいですか?」と聞き返しても全く問題ありません。

ポイント1 話の目的からそれないようにすること

簡潔に質問に答えて、自分の話している目的に再度触れましょう。

今回の話と直接関係のない方向に行きそうになったら、「その話はまたの機会に」とそれとなく方向修正しましょう。そうしないと時間ばかり経ってしまいますし、何の話だったか焦点がぼやけてしまいます。

ポイント2 表情や姿勢を常に保つこと

答えにくい質問になったからといって、先ほどまでの勢いがなくなり、猫背で伏し目がちになり、声も小さくなったらどうでしょう? あなたの自信のなさが露呈され、聴き手はあなたを信用しなくなってしまいます。

相手の目をしっかりと見て、手は自然な動きを保ち、姿勢よくしていましょう。

アイコンタクトについては、質問のときは質問者をしっかりと見て、答えるときは全体の人と目を合わせるようにしましょう。ひとりから発せられた質問は、他の人の代弁かもしれないですし、その場に時間を割いている人全体に敬意を示しましょう。

ポイント3 ネガティブな質問は、言い換えること

「今のご質問は、弊社のサービスの値段設定についてのご質問ですね?」

もし聴き手から「あなたのサービスが他社より高いのはなぜですか?」などと質問されたら、その質問をニュートラルな表現に言い換えましょう。

「うちはなぜ高いかといいますと」と自分で「高い」と言ってしまうとそれを認めていることになります。「高い」のが売りではない限り、これはしない方がいいでしょう。

ポイント4 その場で無理に答えない

質問には、何もすべてその場で答える必要はありません。

「今ちょっと資料が手元にないので、確認して後日ご連絡させてください」

一言いうだけで、大丈夫。これを機会に、あなたもテーマへの理解を深めてしまいましょう。ありがたいですね。

話の中盤で最後に質問があればしてもらうけれど、すべてに答えられるわけではないこと、わからないことは後日調べて連絡する意思があることを示しておくといいでしょう。

また、法律的なことなど自分が答えるべきでないことはそのようにはっきりと伝えましょう。

あまりにも自分の話以外に対する見識がなく、自分の意見もないようではよくないですが、すべての質問にその場で答えられないからといって、誰もあなたを責めません。

沈黙も時にはよいツールになります。

すぐに答えを出す必要もありません。

沈黙をとり、少し考えてから話し始めると「この人はしっかりと考えて自分の言葉を使っている」と逆に評価される場合が多いです。

また少し時間が必要な場合は「今少し考えますね」と言ってもいいですし、質問を繰り返してもらってもいいでしょう。

その質問について相手に聞き返してもいいでしょう。

質問を聞き返すときも、

「もう一度質問を繰り返していただいていいですか？」

「今おっしゃった『いろいろなこと』という部分をもう少し具体的に教えていただけますか？」

「『みんなそう言っている』とおっしゃった『みんな』という方がどなたか教えていただけますか？」

と言ってみてください。相手の意図を明確にすると同時に、あなたの話の目的からそれないようにできます。

このときの声のトーンには注意しましょう。あくまでも丁寧に、聴き手の期待に応えたい、という意思を示しましょう。

まとめ

①質疑応答を効果的にするために、質問を理解し、質問の意図を確認する

②ネガティブな質問は表現をニュートラルに言い換える

③難しい質問の場合には無理に答えず、確認して後日伝える意思を示す

空気を読まない

今までいかに聴き手と波動を合わせて、ラポールを築くことが大切かということを説いてきただけあって、この見出し、おかしく感じますよね。

でもあえて申し上げますが、空気は読みすぎないでください。

たとえばプレゼンテーションを聴く側の最前列でものすごい形相をし、腕を組み、足を組んでいる男性がいます。どう見てもけんかを売っているようにしか見えません。

けれど、この人にあなたの気がとらわれてはいけないのです。

こういう場合は他の、まるであなたの応援団のように話を熱心に聴いて、向こうからあいづちを打ってくれている聴き手に集中して、その人に語りかけるスタンスに切り替えましょう。

ポイント 自分のペースでOK！

ようは自分のペースを保ってください、ということです。

自分がここでプレゼンテーションをしている意味や目的を常に意識しましょう。

聴き手にベネフィットを与えるためにプレゼンテーションしているのですよね。自分の知っていることをもっとたくさんの人に知ってもらいたい、共有したいからですよね。

だったら、周りの人に惑わされず、自分のプレゼンテーションの使命＝聴き手に価値を提供すること、にフォーカスしましょう。

まとめ

① 一部のけんかを売っているような人にとらわれてはいけない

② 自分のペースを保ち、自分のプレゼンの使命にフォーカスする

スゴい人は、練習を怠らない

仕事柄、私は海外の著名人の講演会やスピーチの通訳をすることが多いとお話ししてきましたが、彼らのバックステージ姿も拝見することがあります。そんなとき常に感じること。それは、

「プレゼンテーション上手な人は、練習を怠らない」ということ。

基礎を怠らないということです。

ポイント1 生まれついてのプレゼンターなんていない

プレゼンテーション上手な人は生まれ持って話し上手だったわけでもありません。上手な人ほど、そして多くの場で話すことを要求される人ほどたくさん練習していま

す。

伝える能力を磨くことによって、私が通訳をしてきた多くの著名人は今のポジションを築くことができたと言っても過言ではないでしょう。

現代のビジネスシーンにおいては効果的に物事を人に伝えるスキルがないと、素晴らしいアイデアだって実現しないですし、自分自身の価値を上げることもできません。

ポイント2　リハーサルに力を入れる

海外のエグゼクティブの多くにみられる特徴は、プレゼンテーションの練習に力を入れていることです。

姿勢や声のトーンなどのパフォーマンスを最終チェック、出だしのつかみを人に聴いてもらう、話の中身をその日の聴衆用に少しアレンジを加える、コアとなるメッセージがきちんとわかりやすく伝えられるかの確認……焦点を絞っていますが、その日の聴衆に最大の満足を与え、何か考えたり行動に移したりしてもらえるよう、最後まで一生懸命です。

欧米の方は自分の意見や魅力をきちんと伝えることが小さいころから習慣化していて、きちんと伝えられる人が社会でもやりたいことをやっているから、みんな「プレゼンテーションの威力」をよりわかっているのでしょう。だからこそ、最後までプレゼンテーションそのものの練習をするのかもしれません。

伝えなければならないメッセージがあるから、そして「伝える」ということは身につけなければならない技術だから、みんな真剣に練習するのでしょう。

ここでは、練習にも方法があって、私たちだって彼らのようなプレゼンテーション上手になることは可能だということをお伝えします。

＼まとめ／

①上手な人、多くの場で話すことを要求される人ほど練習している

②海外のエグゼクティブはプレゼン直前まで練習に力を入れる

プレゼン練習その1
場数とリハーサル

実際に自分の伝えたいメッセージをうまく伝えられている人は**場数を踏んでいます。**

ひとつのやり方がうまくいけば、そのパターンにならって繰り返していく。繰り返していく経過でもっと自分なりのオリジナリティや味を付け加えられるかもしれません。

もしうまくいかなかったら、別の方法を考えて実行しましょう。またその経過で、こういうタイプの人にはこういう言い方、こういうシチュエーションではこういう言い方……というように自分のバリエーションが出てくるかもしれません。

そして**必ずリハーサルをしましょう。**リハーサルはとても重要です。

プロと呼ばれる人は、必ず同じスピーチやプレゼンテーションを繰り返し練習しています。プロの人のような結果を生みたいのであれば、素人である私たちが話すリハーサルをするのも当たり前の話だと思います。

ポイント1 リハーサルの利点

リハーサル、と聞くと無味乾燥なものを思い浮かべがちですが、その利点を考えてみましょう。

リハーサルすることによって、

本番のイメージトレーニングになります。

話の目的を明確に打ち出す方法を工夫できます。

話の内容を自分でより理解することができます。

話の内容を深く理解することによって、本番はより自然に話すことができます。

言いづらい言葉やリズムが合わない言い回しを改善することができます。

リハーサルをすると、本番までに自信をつけることができるのです。

ポイント2 成功するリハーサルの方法

では、どのようにリハーサルを行なうのが効果的でしょうか。

ひとつには全体を練習すること。

全体を通して流れを練習しておくと、当日初めて話す事柄がなくなるので落ち着いて話ができます。

ただ、どうしても時間がない場合にはどうしたらいいか？

お勧めしている方法が２つあります。

①各セクションを2、3分ごとに区切って練習する

序論の最初の2分、本論の最初の2分、後半2分……というように各セクションひとつずつを区切って練習すると、それぞれを充実したものにできます。一回あたりの練習時間も少なく済みますし、継続して行なっているので脳への定着は結構いいです。

②最初の2分の練習を繰り返し行なう

人と会ってからの最初の2分は本当に大切です。その2分を何度も練習することで自信がつきますし、その後が多少こけたとしても最初の印象がよければ聴き手はあまり気にしません。

逆を考えると怖いくらいです。最初の2分で相手との関係を築くことができない

と、あとで挽回《ばんかい》するのはとても労力がいります。

ですから、時間のない人は最初の2分を充分に練習してください。

時間のある人、時間をかけて準備することができる人も、最初の2分間には力を入れて練習してください。全体の出来が格段に変わってきます。

＼まとめ／

① リハーサルにはさまざまな利点がある
② 各セクションを2、3分ごとに区切って練習
③ 最初の2分の練習は入念に

プレゼン練習その2

プレゼンテーション当日

ここまでで、プレゼンテーションの中身もできて、リハーサルもできました。

では、当日の話も少ししようと思います。

ポイント1 1時間前に到着しておく

まず、話をする場所には早く到着しましょう。

どれくらい早くかというと、理想的には1時間前。

主催者など関係者と挨拶をし、会場はどのようなセットアップになっているか、聴き手はどのような環境であなたの話を聴くのか、わかっておきましょう。

自分のメモはあるか、マイクやパソコンなどのＡＶ機器はどうなっているか、配布資料は揃っているか、会場の温度設定はどうなっているか……など。自分が知らされていたことと同じですか、違いますか。

そして20分前には完全に準備を終えて、聴き手を迎える準備にあてましょう。

ポイント2　20分前からは聴き手を迎える準備

会場に到着した聴き手に挨拶をする、挨拶まではできなくても、笑顔でアイコンタクトを取ります。知っている聴き手がいれば、聴き手同士を紹介してあげるのもとても効果的です。

この20分の間に聴き手と何かを話す機会があれば、それをプレゼンテーションの中に織り交ぜてもいいですね。

「Cさん、先ほどは私の紹介した練習方法で何か成果が出たっておっしゃっていましたが、ちょっとシェアしていただけますか？」

「Dさんから先ほど素敵な地元の名産をいただいたのですが、本当にこちらはおいしいものがいっぱいあって、繰り返し来てしまいます」

など、会場とのコネクション作りに有効な下準備の20分にしましょう。

ポイント3 演習を取り入れる

また、自分の話の前にも何かプレゼンテーションがあった場合などは、冒頭で緊張をほぐすようなストレッチをしてみたり、周りの方と挨拶するなどの演習を取り入れてもいいでしょう。

ストレッチというのも簡単でいいです。会場全員に一度立ってもらって、手を組んで上に伸びをする、ということだけでも効果があります。これで聴き手の頭もリフレッシュすることでしょう。

少し会場の雰囲気がけだるくなっていると感じたときや、休憩時間の後などに入れると効果的です。これは例えばアンソニー・ロビンズさんのセミナーでも、アジア最大のセミナー運営会社リチャード・タンさん率いるサクセス・リソーシズ社の主催するイベントなどでも多くの会場で目にします。

周りの方と挨拶する演習もこれらの会場でよく目にします。

まず隣りの方と向き合って、お互い自分の名前と今日来ている目的を言う、というシンプルなものでOKです。そして片方の隣側と挨拶を交わしたら反対側の方とも挨拶を交わす。この5分足らずの演習をすることによって、会場の雰囲気が和み、話しやすくなります。

今日来ている目的を人に発表するのが恥ずかしい、という聴き手もいるかもしれません。

プレゼンテーションをする側が文言を決めてしまっても大丈夫です。

「こんにちは、東京から来ました田中です。よろしくお願いします」でもいいですし、

「こんにちは、東京から来ました田中です。今日は話し方名人について知るために来ました」

と言ってもらうようにしてもいいでしょう。全員が「話し方について学ぼう」と自分に宣言している感じになって、前向きでいいのではないでしょうか。

押し付けがましい文言はもちろんダメですけどね。

一対一のミーティングの場合も、必ず時間には余裕を持って臨みましょう。

そして来る途中であったことや、近くの店などで発見した小ネタから入るのもいいかもしれません。

「遅れてすみません！」と謝ることから始まる話は、こちらが「謝り」の姿勢に終始

してしまうこともあります。
プラスのイメージから話し手も聴き手も入れるよう、余裕を持つことはとても大切です。時間が余ってしまったら、「イメトレ」をして、時間が来るのを楽しみに待っておくのもいいでしょう。

＼まとめ／

①1時間前に会場に到着する
②20分前からは聴き手を迎える準備を
③時間が余ったらイメトレをする

プレゼン練習その3

ロールモデルを見つける

ロールモデルをみつけることは、イメージトレーニングの方法として有効です。あの人の話し方が好き、あの人はなぜだか得たい結果を出している、という人を探しましょう。そしてその人を徹底観察。観察した後はマネします。

何かを身につけるのであれば、すでにできている人から学ぶのが一番早い方法です。

私が商社でファッション関係に従事していたとき、モデルさんの話を聴く機会に恵まれました。

すでに成功されている方でしたが、その方もはじめは憧れのモデルさんのポーズを切り抜いてブックにして、ことあるごとに鏡の前でそのポーズの練習をしていたそうです。そうすると、物理的に憧れの先輩モデルのポーズのバリエーションを得られるだけではなく、その人が何を考えてそのポーズを取っていたか、何を表現したかったかがなんとなくわかるようになってくるのだ、と言っていました。

根底にある仕事に対するマインドみたいなものも一緒に自分に移ってくる……ということなのだそうです。

私もそれからアイデアを得て、人前で話すときは自信をもって話している話し手のDVDを見て、身振り手振り、呼吸、間の入れ方、相手の話を聴く時の姿勢などを研究したことがあります。

その人になったつもりでマネてみると、新しい視点を得られるような気持ちがするんです。

そして、その後で「この人が今の私の立場だったら、どのように言うだろうか。どのような姿勢でどのような言葉遣いをするだろうか」と考えます。

こうして練習を重ねていくことによって、自分の中にネタができ、アタマの中の引き出しが増え、いろいろな場面で応用できてくるのだと思います。

イメトレの次は実際にプレゼンテーションを自分で振り返ったり、人と一緒に振り返ったりしましょう。

まとめ

①ロールモデルを見つけてイメージトレーニング

②憧れの人を観察してマネすると新しい視点が得られる

プレゼン練習その4

自分で自分を客観視する

普段、話している自分はどのように相手に映るのだろうか……考えたことはありますか？

例えば自分の声を録音した音声を聴いて、「自分ってこんな声なんだ⁉」と驚き、ちょっと違和感を覚えたことはありませんか？

自分を客観視するには録音、録画は本当にお勧めです。

最初は短い話でもいいと思います。ICレコーダーに自分の話し方を録音しておいてあとで聴き直してみてください。

また人前で発表することがある際はリハーサルを録画しておきましょう。そうして、一度自分の話し方を客観視すると見えてくることがあります。

私の場合、最近は自分が同じことを何度も繰り返して話してしまうクセを発見し、それを改善しようと思っています。

以前ある人に「話し方が丁寧」と誉められていい気持ちがしていたのですが、だんだん丁寧になりすぎて、単なる「話の長い人」「話がくどい人」になってしまっていました。それがわかったのは、自分が話しているのを客観的に聞く機会が持てたからです。

客観的な目を持つことで、相手の立場に立った話し方ができるようになると思います。

＼まとめ／

① 自分を客観視するには録音・録画

② 人前で話す前にはリハーサルを録画して検証

プレゼン練習その5

人から意見をもらう

レビューのもうひとつの方法は**「人の意見を聞くこと」**です。

これもまた恥ずかしい経験になりますが、自分では気づかない癖を発見してもらえます。

人、といっても誰からでも意見を聞こうといっているわけではありません。信頼できる人、その道の成果を出している先輩などがいいでしょう。その人にアドバイスをしてもらうことが自分にとってはどれだけ大切か、アドバイスをお願いしている先輩に対する思いや、アドバイスをもらいたい背景を説明するといいでしょう。

相談に乗ってもらったら、後日どうなったか中間報告を入れましょう。

何かに意見をした後、その後がどうなっているか、実は意見をした人は気になっています。意見をもらった方の人はあとは改善あるのみで、時には貴重な時間と労力をお願いした側の方のことを忘れがちです。

報告を入れるだけでも、また何かあったときに相談に乗ってもらえます。社内や身近にこうしたことで相談に乗ってもらえるスーパーバイザーや味方を作っておくと、本当にのちのちいろいろな場面で助けてもらえます。しかもあなたが助けられっぱなしではなくて、先輩も何かあるときにはあなたに声をかけてくれるようになります。仕事を通してお互いに成長できるのは素晴らしいことですよね。

意見をいただいた先輩方も、はじめからみんなスーパー営業マンでも、スーパー交渉人でもなかったはずです。その方の普段心がけていること、ちょっとした失敗談やそこから学んだことなど、アドバイスしていただけるかもしれません。

巻末付録①

人を惹きつけるスピーチ

「二都物語 A Tale of Two Cities」NY市長（当時）マリオ・クオモ氏、1984年

最初の2分から盛大な拍手とスタンディング・オベーション。歓喜する聴衆。時は1984年、アメリカ民主党、大統領予備選挙のコンベンション会場。当時は共和党レーガン政権が「強いアメリカ」を打ち出すことに成功、絶大な人気を誇っていました。当時レーガンの「丘の上の輝かしい街 The Shining City Upon A Hill」というスピーチは、輝かしいアメリカを打ち出す最高の表現として国民の愛国心を大いに刺激し、民主党からは誰もレーガンに対抗するようなスピーチはしたくないほどの状況でした。

当時のNY市長であったマリオ・クオモ氏が、最終的には「二都物語 A Tale of Two Cities」と題する対抗スピーチをすることになりました。

「レーガン大統領は、アメリカを『丘の上の輝かしい街』とおっしゃいました。確かに私たちは『丘の上の輝かしい街』であります。でもその街には違う側面もあり、家賃も払えず、教育も受けられず、子供に託した夢が無残にも消え去るのを見ながら生きている人たちの住む街でもあります。大統領のいらっしゃるホワイトハウスからは、そのような街は見えないのでしょうか？　あなたが見ない、あなたが訪れない街で実際に起こっていることなのです。

大統領、実はアメリカは一国家であって、『丘の上の輝かしい街』というよりは『二都物語』と言った方がいいことをあなたはご存知ないのかもしれない。

民主党はこの街の存在を知っており、そしてアメリカをひとつの家族として立ち上がらせる覚悟ができています。過去にも民主党はアメリカをひとつとすることを成し遂げてきましたし、これからもアメリカはひとつです。本当にこの輝ける街で、人間として誇りを持って生きていく難しさを私は知っています。身をもって経験しているからです。民主党はこのアメリカがひとつであると信じ、貧しい人、病気の人、宿のない人をも含めた家族を創り上げます」

といった内容で、レーガンに対抗する素晴らしい表現を使ったことで知られています。また、語り口を聴いていただければわかりますが、言葉自体は非常にわかりやすく平易、たとえもシンプル、具体例はまるで隣人を指すような口ぶり。クライマックスでは、同じフレーズ〝We believe（我々は信じている、〜であることを）〟を効果的に繰り返し、会場の高揚を促しています。

多くのアメリカ国民の心をゆさぶり、今でも語り継がれているスピーチです。

人に自分の意見や主張を伝えたいとき、非常にインスピレーションを得られるスピーチです。

みなさんも有名なスピーチを観て聴いて、そこからパフォーマンス力、コンテンツ力、構成力を磨きましょう。

巻末付録②

ネイティブにホメられる
プレゼン英語
フレーズリスト

ネイティブにホメられる

プレゼン英語フレーズリスト

0. プレゼンを始める前に

●聴衆に感謝を述べる

Thank you for your time today.
——今日はお時間をありがとうございます。

Thank you for finding the time to come today.
——今日はお忙しい中お越しいただき、ありがとうございます。

Thank you for coming on such short notice.
——突然のお声がけにもかかわらずお集まりいただき、ありがとうございます。

●聴衆に準備はできているか一言かける

Are we ready to start?
——では、始めましょうか。

1. 序論で使いたい例文

●プレゼンの目的や概要を説明する

Let me go over today's agenda.
——今日のアジェンダをお話しさせてください。

First, let me give an overview of the presentation.
——まずはプレゼンの概要をお話しさせてください。

●ツカミのひと言

I'd like to share with you today an interesting story.
——今日は興味深いお話を共有させていただきます。

●現状を報告する

I would like to report on the current situation.
——現在の状況について報告させてください。

Let us update you of the situation as of today.
——本日現在の状況をアップデートさせてください。

●プロジェクトについて説明する

Let me explain how we are planning the project.
——どのようにプロジェクトの計画を立てているか説明します。

I'm going to start with the background of the project.
——このプロジェクトの背景からご説明します。

●今日のプレゼンの見通しについて説明する

I've divided my talk into three parts; First, the overview of the project, then the updates, and finally the plan moving forward.
——私の話は3つのパートから成っています。まずはプロジェクトの概況、そして進捗報告、そして今後の計画、となっています。

This presentation will take about 15 minutes.
——このプレゼンはだいたい15分くらいです。

2. 本論で使いたい例文

●商品について説明する

Let me give you a demo.
——デモ（デモンストレーション、実演）をお見せします。

These are the advantages of the product.
——こちらが、商品の強みです。

We believe this product will be a big hit.
——この商品は大ヒットになると確信しています。

Please refer to the appendix for details.
——詳細をご覧になりたい方は附録をご参照ください。

Let me elaborate.
——詳細に説明させてください。

Let us share our views.
——我々の見解を述べさせてください。

Let me expand on that point.
——その点について、より詳しくご説明させてください。

Now that we've covered the outline, let's move on to the details.
——まずはアウトラインをカバーしたので、次は詳細について見ていきましょう。

●その他、よく使うフレーズ

This is our projection for 2020.
——こちらが2020年の予測です。

Let me share with you our findings.
——我々の調査結果を共有させてください。

We believe this is a feasible solution.
——これは実現可能なソリューションだと確信しています。

Let us keep you posted.
——随時連絡をいたします。

3．結論で使いたい文

●まとめ

We can summarize this presentation in two points.
——このプレゼンは２つのポイントにまとめることができます。

Let me summarize what we discussed.
——議論したことをまとめさせてください。

Let me give a brief summary.
——簡単なまとめをさせてください。

My final topic is on the next steps.
——私の最後のトピックは、次のステップについてです。

So that concludes my presentation on how to improve profits.
——利益の改善についての私のプレゼンは以上です。

●シメの言葉

In closing, I'd like to thank all of you for your great efforts.
——最後に、みなさんの多大なるご尽力をありがとうございます。

In closing, I'd like to give you a word of encouragement.
——最後に激励のことばをお送りしたいと思います。

That's all for today.
——本日は以上です。

4.プレゼン終了後使える文

●同席者に聞く

Is there something you'd like to add?
——付け足したいことはありますか。

Is there anything else we should point out?
——ほかに指摘すべきことはありますか。

●聴衆に聞く

Does anyone have any questions?
——ご質問のある方はいらっしゃいますか。

Are there any questions?
——ご質問はありますか。

●質疑応答に使える言葉

Could you be more specific?
——もう少し具体的におっしゃっていただけますか。

Could you elaborate on what you said?
——今おっしゃったことをもう少し詳細に説明していただけますか。

Could you give examples?
——具体例を挙げていただけますか。

What's your view on this?
——これについてのあなたの見解は？

おわりに

最後まで読み進めていただき、ありがとうございます。

私が通訳をしたことがあるセミナーで言われていたことを共有したいと思います。

新しいスキルを身につけたり、習慣を身につけたりするには、まずは実践をしてみることが大切なのだそうです。そして実践するにあたっては、それがどのようなよい結果をもたらすのかを想像しながら、練習に意味を持たせるといいとのことです。

たとえばこの本を活用する場合には、次のことを行なってください。

本の中で紹介されたことで一番インパクトがあったこと、一番自分が身につけたいことを一つ書き出してみてください。自分の「伝える力」を上げるために必要なもの、今回学びになったものを一つ挙げるとすれば、何でしょうか。一つと限らず、いくつかある場合はそれらを書き出してみてください。

アイコンタクトの仕方でしょうか。話し方から「えー」「あー」「うー」を取り除くことでしょうか。まずは論点を明確にしてから話を始める、ということでしょうか。

そしてそれらに優先順位をつけ、今から2週間、毎日意識して実践してみてください。その2週間の間は、毎日ノートやスマートフォンのメモ帳などに記録していくとモチベーションが継続するので、私も実践しています。集中して2週間同じことを続けると、それは自分の中の習慣になりやすいと言われています。まずは2週間、始めてみましょう。

私自身もプレゼンテーションや話し方に関しては、学びのさなかにあります。自分自身、プレゼンテーションをしたり、会議で発言したりするときなどは、多くの場合はとても緊張します。終わったあとも「あのときは、ああいえばよかった」「この話から始めればよかった」など反省することもしきりです。

始まる前に緊張してしまう点に関しては、特に最初の2分程度の内容を繰り返し練習することで、なるべく緊張をほぐすようにしています。

また、あとから振り返っての反省点については、スマートフォンのメモ帳に書き残し、次の機会の前に見直し、いかすようにしています。

地道な行動ではありますが、それらを繰り返し行なうことで少しずつでも改善していけたら、と思っています。


こういった地道な努力ができるようになってきたのも、多くの著名な講演家に身近に触れ、彼らが実際に話の準備を丹念に行ない、また振り返りを行なって次につなげる姿勢に触れてきたからです。今ではその分野の専門家であったり、注目される経営者であったりする彼らも、ひとつひとつの経験から学び、それを次につなげるようにしている姿には大いに刺激を受けています。

これまでに私に学びの機会をくださった講演家のみなさん、また仕事で出会ったたくさんの方々、いつもインスピレーションをありがとうございます。またここまで読んでくださった読者のみなさま、ありがとうございます。

どこかで実際にお目にかかれる機会を楽しみにしています。

関谷英里子

2014年4月

（本書『結果が出るプレゼンの教科書』は、二〇〇七年十月、クロスメディア・パブリッシングから四六版で刊行された『なぜあの人の話に、みんなが耳を傾けるのか？』を、加筆・修正・改題いたしました）

祥伝社黄金文庫

同時通訳者《どうじつうやくしゃ》が世界《せかい》のビジネスエリートに学《まな》んだ
結果《けつか》が出《で》るプレゼンの教科書《きょうかしょ》
平成26年4月20日　初版第1刷発行

著　者　関谷英里子《せきやえりこ》
発行者　竹内和芳
発行所　祥伝社《しょうでんしゃ》
〒101－8701
東京都千代田区神田神保町3－3
電話　03（3265）2084（編集部）
電話　03（3265）2081（販売部）
電話　03（3265）3622（業務部）
http://www.shodensha.co.jp/
印刷所　萩原印刷
製本所　ナショナル製本

Printed in Japan　© 2014, Eriko Sekiya　ISBN978-4-396-31638-9 C0182